主体的に学習に取り組む態度が育つ

小学校国語科

「めあて・ふりかえり表」
10の指導ステップ

藤原隆博　著

教育出版

まえがき

　教職経験10年を超えたあたりから、「自分なりの国語授業のスタイルは、こうだ！」とまではいかないまでも、「これを行えば、国語授業が大体、流せるかな。」と思えるようにはなりました。それと同時に、「国語授業が大体、流せる…程度でいいのか？」と問いかけてくる自分がいました。

　子供が今日、どんな学習をしているのか。どんなことに問いをもち、どんな発見をし、友達のどんな考え方に共感したのか。学級全体を見渡しているようで、実は一人一人の学びに向き合っていない…そういう国語授業をしていないか？　例えば、全体交流をしていたときに、一度も手を挙げなかったあの子は、何を考えていた？　答えられるか？

　そうした問いに、つぶさに答えられない自分がいました。

　つまり、私は、国語授業をある程度、器用にこなせるようにはなったものの、実は、学習をしている子供たち一人一人に起きている事実に、十分寄り添えていなかった…と、気付いたのでした。

　このままではいけない。そう思った私は、もう一度、国語授業とは何か、学習とは何か、ということについてあらためて研究することを決意しました。東京都青年国語研究会で学び、基幹学力研究会で学び、夢の国語授業研究会で学びました。そこで全国の実践家たちと繋がり、彼らもまた、子供たち一人一人の学習に寄り添い、確かな言葉の力を身に付けさせる、ということを真摯に考えていることを肌で感じたものでした。

　平成26年度には、教職大学院の長期派遣研修生として、一年間、東京学芸大学教職大学院で学ぶ貴重な機会をいただき、そこで、パフォーマンス評価やルーブリックという言葉を初めて知りました。文献調査を進める中、松下佳代著（2007）『パフォーマンス評価—子供の思考と表現を評価する』（日本標準ブックレット）で、ルーブリックを見たとき、これこそ、つけたい力の明確化だ、と思った反面、ルーブリックを現場で活用できるのは、一部の限られた教師だけになってしまうのではないか、と危惧したものでした。そもそも、子供たちが自分たちの学習に対するルーブリックを描けなければ、学習を調整して、よりよく学ぼうとすることはできないのではないか。そんなことを考えながらも、明確な代案を描けずに、一年の研修期間が終わり、現場に戻りました。

　平成28年度より、所属校では、研究主任として体育を研究しました。このときの校内研究が、私に大きなヒントをもたらしてくれました。

　当時、所属校の校内研究では器械運動系領域に焦点を絞り、「ポイントタイム」と呼ばれる時間が授業の中に設定されていました。児童が、技能ポイントを意識できるように、ワークシートに示された技のポイントを全体で確認し、実際に技能ポイントができるようにと、児童がめあてをもつ時間です。

「国語も、ポイントタイムみたいに、めあてのポイントが明確だったら、そのめあてに対する学びが起こり、学びについてのふりかえりができるのではないかな…。要は、学習指導案に書く評価規準が、子供の分かる言葉に置き換わって、それをもとに学習する状況になればいい…。そうか！　子供版のルーブリックがあればいいんだ！」

次々と湧き起こったアイデアを紡ぎ合わせるのに、それほど時間はかかりませんでした。体育の研究主任をしているのに、そんなことを考えているなんて、我ながら、仕方のない話だ、と思います。

ともあれ、私は、めあてのポイントと、ふりかえりの表を1枚のワークシートとして構成した「めあて・ふりかえり表」を開発し、これを自学級の子供たちに取り組ませてみました。すると、学習を進める中で、子供たちがどのようなことを考えて学んでいたのか、が次々と明らかになったのです。

「ああ、やっぱりまだ分かっていなかったんだ。」

「『登場人物の気持ちがよく分かった。』と書いてあるけれど、ノートを見ると、あやしいなぁ…。」

「あ、この子にはあのヒントを書いてあげれば、明日はスムーズに学習できそうだぞ。」

様々な発見をしつつ、子供のふりかえりに、一つ一つコメントをする日々が始まったのでした。それは、自らの学習指導についての課題や、達成度を表す指標になり、自らの授業改善に役立つ情報に溢れていました。

子供のノートから

教師のコメントが、子供にはとてもうれしく、学習に取り組むモチベーションになるようでした。ある日の自主学習で、「めあて・ふりかえり表」について書いた子供がいました。（図1）

これを読んだとき、自分が子供の頃、担任の先生が書いてくれるコメントに、何度も勇気づけられたことを思い出しました。いつの時代にあっても、子供は、教師のコメントを励みにするようです。おそらく、一対一の関わりだからこそ、特別な思いをもてるものなのでしょう。

図1　子供の自主学習ノート

学習評価についての潮流は…

文部科学省（2019）「児童生徒の学習評価の在り方について（報告）」によると、「主体的に学習に取り組む態度」の評価は、挙手の回数やノートの取り方などの形式的な活動ではなく、児童生徒が子供たちが自ら学習の目標を持ち、進め方を見直しながら学習を進め、

その過程を評価して新たな学習につなげるといった、学習に関する自己調整を行いながら、粘り強く知識・技能を獲得したり思考・判断・表現しようとしたりしているかどうかという、意志的な側面をとらえて評価することが求められる。」と、

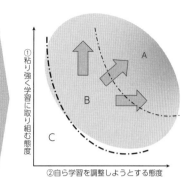

○「主体的に学習に取り組む態度」の評価については、「①知識及び技能を獲得したり、思考力、判断力、表現力等を身に付けたりすることに向けた粘り強い取組を行おうとしている一面と、②①の粘り強い取組の中で、自らの学習を調整しようとしている一面という二つの一面が求められる。」とされている。
○これら①②の姿は実際の教科弓の学びの中では別々ではなく相互に関わり合いながら立ち現れるものと考えられる。例えば、自らの学習を全く調整しようとせず粘り強く取り組み続ける姿や、粘り強さが全くない中で自らの学習を調整する姿は一般的ではない。

図2「主体的に学習に取り組む態度」の評価のイメージ」
（文部科学省(2019)「児童生徒の学習評価の在り方について（報告）」より）

答申を引用して（図2）、その評価の在り方を示しました。

　次期学習指導要領が告示されて2年以上が経ちますが、資質・能力の三つの柱の一つ「学びに向かう力・人間性等」の評価については、論点整理が進められている状況にあり、本書でも、実験的要素を含むこととなります。一方で、平成30年12月17日教育課程部会児童生徒の学習評価に関するワーキンググループの議論は概ね尽くされており、大勢は決したといえるでしょう。

　さらに、文部科学省（2019）は「児童生徒の学習評価の在り方について（報告）」で、学習評価を「子供たちの学習の成果を的確に捉え、教員が指導の改善を図るとともに、子供たち自身が自らの学びを振り返って次の学びに向かうことができるようにするためには、学習評価の在り方が極めて重要」「1　児童生徒の学習改善につながるものにしていくこと、2　教師の指導改善につながるものにしていくこと、3　これまで慣行として行われてきたことでも、必要性・妥当性が認められないものは大胆に見直していくこと」と提示し、主体的に学習に取り組む態度を評価するのは、個人内評価とふりかえりによるものを取り入れることの重要性を示しました。時代もまた、学習における「めあて」と「ふりかえり」をどう位置付けるか、を模索する潮流の中にあります。

　次ページから始まる第1章には、「めあて・ふりかえり表」とは何か、作成から活用までの10ステップを示しました。第2章には、どのような実践例があるのか、小学校1〜6学年までの事例をあげました。第3章では、「めあて・ふりかえり表」に取り組むことの意義について示しました。そして、第4章では、私以外に「めあて・ふりかえり表」に取り組む教員へのインタビューで構成しました。

　本書を手に取っていただけた方にとって、これが国語科の学習評価について考え、子供の学びに寄り添うきっかけとなったのならば、望外の幸甚です。

　2020年3月

　　　　　　　　　　　　　　　　　　　　　　　　　藤原　隆博

目 次

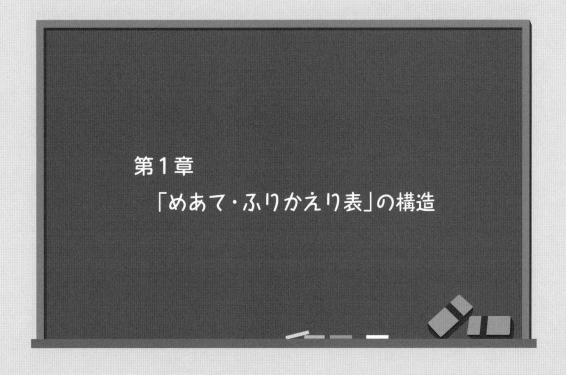

第1章
「めあて・ふりかえり表」の構造

これが「めあて・ふりかえり表」です！

表の各部の意図やねらいについて解説します。

1 めあてのポイント（ア・イ・ウ）と、説明

	ア どんなことができるか	イ どうやって読むのか	ウ どんな思いで学ぶか
説明	①学習する場面の豆太のとくちょうを音読で表せる。 この場面では、おくびょうな読み方ができます！ しかも暗記しています！	①サイドラインを引いて、登場人物の行動、気もちを表す言葉を見つける。 行動は赤、気もちは青で引こう。	①今日の❶を進んで楽しむ。 よし、やってみよう！
	②言葉の意味を知っていて、その使い方が分かる。 ・せっちんの意味は… ・「しもが足にかみついた」っていうのは…	②登場人物の行動や気もちをくわしく想像して書く。 きっと「夜中に一人じゃこわいよう」って思ったんじゃないかな。	②「モチモチの木」に使われる言葉のよい所を見つけようとする。 この作品、言葉のひびきがよい所はどこだろう。ここかな？
	③場面と場面をくらべた結果、音読の仕方のちがいが分かる。 始め場面は〜で、終わり場面は〇〇です。	③場面と場面をくらべて、変化したことや様子をそうぞうする。 〇場面では〜だったのに、□場面では…だ！	③グループの友達と作品の言葉や文からそうぞうしたことを進んで話し合おうとする。 考えを友達に話してみたいなぁ。友達はどんなことを考えているか、聞いてみたいなあ。
	④読み取ったことをもとに音読の仕方が分かり、音読の工夫を記号で書きこめる。 大きく（強く）　〇− 小さく（弱く）　●− はやく　　　　　→ ゆっくり　　　　〜〜 間をあける　　　＜ 長い間をあける　＜	④作品の言葉や文からそうぞうしたことを話し合って、自分と友達の感じたことがちがったり同じだったりすることに気がつく。 自分とちがう。 自分と同じだ。	④グループの友達と音読が上手になるように、進んで学び合う。 みんなで、アドバイスし合って、もっとうまくなろうね！
		⑤行動、気もち、せいかくを表す言葉などをヒントにして、音読の仕方を工夫する。 この場面の豆太は弱々しい声で読んでみようかな。	

めあてのポイントとする項目アイウは、平成29・30年改訂学習指導要領における資質・能力の柱に準拠しています。

知識・技能
　→ア　どんなことができるか
思考・判断・表現
　→イ　どうやって読むのか
主体的に学習に取り組む態度
　→ウ　どんな思いで学ぶか

番号に続く太字部分がめあて。言語活動を「どのように」「どの程度」取り組むのか、を子供が分かる平易な言葉で表現します。

子供のイラストと吹き出しで、めあてを達成した姿を具体例で示し、学習者にイメージを抱きやすくします。

毎時間、めあてに対する振り返りを記述し、学習評価[1]をします！

2　ポイントごとに今日の学習をふりかえってみよう！

学習した日	今日のめあて（一つだけ）	①今日のめあては、どのくらいできたか。 ②今日の学習で、よく分かったこと。（あまり、よく分からなかったこと） ③明日からもっと学習してみたいこと。
11/6	ア―①	①豆太のとくちょうは分かったけれど、音読がうまくいかなかった。 ②中心人物が、「始め」場面では…だったのに、「山場」で〜をしたから、大きな声で音読をすればいいことが分かった。 ③くわしく想像したことを音読記号に表して練習をしたい。

中・高学年は、ふりかえりの観点を三つ示します。

①　めあての到達度
②　学習内容の理解度
③　次の学習への意欲・関心

＊低学年では①のみを示します。

ふりかえり記述の具体例を示し、どの程度記述すればいいのかが分かるようにします。

毎時間のめあては、一つだけにして、これに対するふりかえりを記述できるようにします。

1　平成28年2月の中央教育審議会答申において「学習評価は、学校における教育活動に関し、子供たちの学習状況を評価するものである。」と示された。
　　評価は評定のために行うのみではなく、形成的に学習状況を見取ることが重要であり、学習者に自己評価をさせることの意味が強調されたと言える。

●児童の書いた「めあて・ふりかえり表」

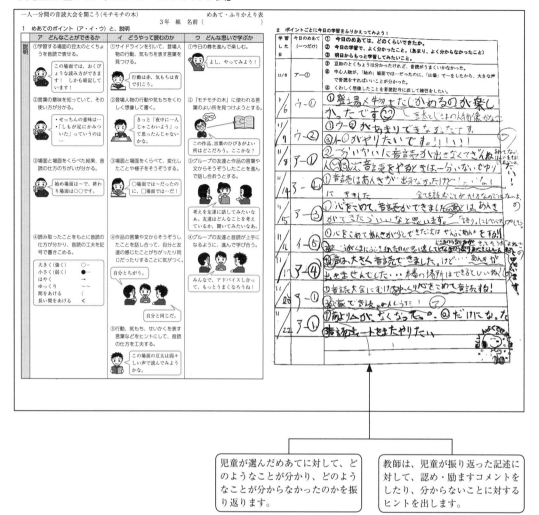

●児童が「めあて・ふりかえり表」を書く際の手順

1　授業の冒頭で、学習問題をつかみ、自らのめあてを選びます。

　＊教師が本時の意図を説明して、めあてを指定することもあります。

2　めあてを意識して、学習問題に取り組みます。

3　授業終了3分前に振り返り欄を記述します。今日、選んだめあては、どのように・どの程度、達成されたのか等を振り返ります。

4　めあて・ふりかえり表を提出します。

●児童が「めあて・ふりかえり表」を提出した後・・・

1　個々の振り返りを読みます。一人一人に、赤ペンでコメントをします。

　＊記述内容が不十分であったり、意味がよく分からなかったりしたときは、対象の児童を呼び、インタビューをしましょう。

2 学級掲示に貼られた「めあて・ふりかえり表」（次ページ）に載せる候補を選びます。

3 学級掲示に貼られた「めあて・ふりかえり表」に書き込みます。

学級掲示に貼られた「めあて・ふりかえり表」

　授業の冒頭で、めあてを確認する際、学級掲示に貼られた「めあて・ふりかえり表」を使います。また、抽出をした、子供のふりかえりを紹介します。

学習内容について、興味深い発見をした個人のふりかえりを、全体にフィードバックします。

子供のふりかえりに対して、教師がどのようにコメントをしているかも、あわせて紹介します。これにより、教師がどのような学びを期待しているのかを子供が自ら考えるようになります。

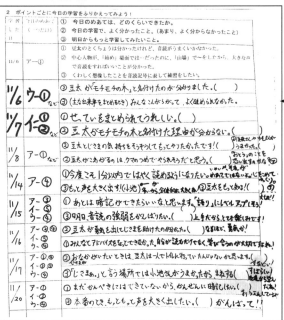

「分からなかった」「できなかった」などの、ネガティブなふりかえりも積極的に書いていい、と伝えます。これにより、子供の本音が現れ、教師が内省しながら新たなヒントを子供に示せるようになり、実態に応じた指導ができるようになります。
本人の自己肯定感を下げないようにするため、ネガティブなふりかえりをした児童の個人名は紹介しません。

●学級掲示にすることのメリット

1 個々の振り返りを全体に紹介することができるため、友達から新たな気付きを得ることができます。

2 教師のコメントを全体に知らせることができるため、どのような学習を期待されているのかが子供に少しずつ伝わります。

3 教師自身が、指導を内省し、実態に合った支援を行うことが可能です。

「めあて・ふりかえり表」をつくる10の指導ステップ

ステップ 1　単元の目標を設定し、終末の姿をイメージする

「めあて・ふりかえり表」を用いた授業づくりの初めの一歩。

　多くの教師が、教科書に載った学習材を前に、「さあ、次の単元では、どんな国語授業にしよう…。」と考え始めるものです。つい、「まずは教師が範読をして、それから、子供に音読をさせようかな…。」等と、言語活動をどうやって設定しようか、等と考えがちです。しかし、大切なのは「単元の目標」です。単元が終わる頃に、子供がどのような姿になっていればよいのでしょうか。まず、それをイメージしましょう。

　その際、『小学校学習指導要領解説　国語編』を開く必要があります。新学習指導要領では、すべての教科の目標は「知識・技能」「思考、判断、表現」「学びに向かう力、人間性等（主体的に学習に取り組む態度）[1]」の観点に沿って、各学年の内容に沿った目標をそれぞれ設定していく必要があります。

　小学校３年生の学習材「モチモチの木」を例に挙げます。

　５歳のおくびょうな男の子、豆太がじさまのために夜道を走り、医者様を呼びに行くストーリー。この学習材を通じて、子供たちにどのような「知識・技能」「思考、判断、表現」「学びに向かう力、人間性等」を身に付けさせるのか。これを「単元の目標」と呼びます。

　語り口の味わいが豊かな作品だから、音読をさせたい…（知識・技能）、おくびょうだったのに、勇気を出して夜道を走る、そんな豆太の場面ごとの気持ちの変化を具体的に想像させたい…（思考、判断、表現）

　叙述に表れた語句の一つ一つを丁寧に読んで考えようとする態度が身に付くといい…（主体的に学習に取り組む態度）

　などと、観点別学習状況評価の各観点に沿って、単元の目標を描いていきましょう。すると、子供の終末の姿がだんだんと描けるようになります。

　さあ、ここから言語活動を設定しましょう。単元の終末を、どのように締めくくるか。筆者は、単元の終末に、子供が生き生きと音読する姿を思い浮かべ、「一人一分間の音読

1　本書では、学びに向かう力、人間性等を見取る観点については、主体的に学習に取り組む態度と表記する。『小学校学習指導要領解説　総則編』p.94に「資質・能力の三つの柱の一つである『学びに向かう力、人間性等』には①『主体的に学習に取り組む態度』として観点別学習状況の評価（学習状況を分析的にとらえる）を通じて見取ることができる部分」がある、という記述を受けたものである。

x

x

大会」を開くことを考えました。子供たち一人一人が、自分の好きな場面を生き生きと音読をしている姿こそ、単元の目標を達成している姿なのだと思えたからです。

この「一人一分間の音読大会」に向けて、単元の目標を、以下のように表しました。

単元の目標

(1) 知識及び技能

文章全体の構成や内容の大体を意識した表現方法で、1分間の音読ができるようにする。

(2) 思考力、判断力、表現力等

登場人物の行動や気持ちの変化を、場面の移り変わりと結び付けて捉えることができるようにする。

(3) 学びに向かう力、人間性等

各場面の叙述や、一つ一つの語句を大切にして、思いや考えを伝え合おうとする態度を養う。

終末の姿…「一人一分間の音読大会」で、子供たちが「モチモチの木」の好きな場面を生き生きと音読することができる。

終末の姿は、単元の目標 (1)～(3) が一体となったときに、どのような子供たちになっていてほしいのか、を念頭にして描きましょう。[2]

終末の姿をより具体的に描くためには、それぞれの観点に対する評価規準が必要となります。ステップ2では、評価規準の設定について考えましょう。

ステップ2 単元の評価規準を設定し、子供が理解できる言葉に直す

ステップ1で作成した、単元の目標と終末の姿を基に、具体的な評価規準を設定します。評価規準で具体化した言語を、子供が理解できる言葉に直すことで、「めあてのポイント」が明らかになります。

ステップ1では、単元の目標を、以下の項目で立てました。

単元の目標

(1) 知識及び技能

文章全体の構成や内容の大体を意識した表現方法で、1分間の音読ができるようにする。

(2) 思考力、判断力、表現力等

登場人物の行動や気持ちの変化を、場面の移り変わりと結び付けて捉えることができるよ

---

2 『小学校学習指導要領解説 国語編』p.16. によると「なお、資質・能力の三つの柱は相互に関連し合い、一体となって働くことが重要である。」とある。「知識及び技能」を身に付けてから「思考力、判断力、表現力等」を身に付ける、といった順序性がある訳ではない。それぞれの資質・能力が一体となって育まれていくようにするためには、子供が個別のめあてをもちながら、小集団・集団での学び合い、個別のめあてを基にした学習によって、刺激し合うことが欠かせないといえる。

うにする。

(3) 学びに向かう力、人間性等

　各場面の叙述や、一つ一つの語句を大切にして、思いや考えを伝え合おうとする態度を養う。

　さて、単元の目標は、どの程度達成されればよいのでしょうか。具体的な評価規準を考えてみると、次ページのとおりになります。言うまでもないことですが、評価規準は、教師が児童の学びを評価するために作成するものです。

　しかし、教師がいくら評価規準を設定しても、子供がその内容をつかんでいなければ、適切なめあてを持つことはできません。これでは、「活動あって学びなし」の状況が生まれかねません。一体、どうしたらよいのでしょうか。

　本書では、評価規準を設定した後、子供が理解できる言葉に直すことを提案します。これを基に、子供に学習のめあてを立てさせたり、ふりかえりをさせたりすることで、教師のねらいと子供のめあてが次第に一体化していきます。筆者は、この状態を「教師のねらいと、子供のめあてが両想いになる」と呼んでいます。また、子供が理解できる評価規準を子供にとって取り組み方がイメージしやすい名称を考え「めあて・ふりかえり表」と名付けました。

●評価規準[3]

観点	知識・技能	思考、判断、表現	主体的に学習に取り組む態度
単元の評価規準	• 各場面ごとの豆太の特徴を意識し、言葉の抑揚や強弱、間の取り方などの工夫の一端が音読をする姿に現れている。 • 「しもが足にかみついた」「なきなき…走った」などの語句が情景を効果的に表す役割を理解し、語彙を広げている。	• おくびょうな豆太、じさまを救うため勇気を出す豆太など、場面ごとに変化する行動や気持ちを叙述を基に具体的に想像している。 • 文章を読んで考えたことを友達同士で伝え合い、一人一人の感じ方の違いに気付いている。	• 「いたくて、寒くて、こわかったからなあ」「…行けたっていい」などの語り手の語り口の豊かさや、「せっちん」「きも助」などの特徴的な語句がもつよさに進んで気付こうとしている。 • 場面ごとに変化する行動や気持ちを進んで想像しようとしている。 • 思いや考えを進んで伝え合おうとしている。

3　評価規準を設定するためには、例えば以下を参照する方法があげられます。

①　小学校学習指導要領解説国語編の指導事項欄

②　教科書の「学習の手引き」欄、教師用指導書（朱書き編）

③　所属校で作成している各教科の年間指導計画及び評価規準。

『小学校学習指導要領解説　国語編』（平成29年告示）p.18によると「なお、『資質・能力』の三つの柱は、相互に関連し合い、一体となって働くことが重要である。」とあります。めあてのポイントを書く際、ア−①とイ−①などの同じ番号同士は、相互に関連し合いながら表記することが望ましいです。

| ・場面の様子の違いと豆太の「じさまぁ」という会話文の関係を理解している。
・読解したことを基に、音読記号を使用し、読み方を注意することができている。 | ・各場面ごとの豆太の特徴を意識して、言葉の抑揚や強弱、間の取り方などを工夫して音読している。 | ・進んで音読の練習をし、友達と共に高め合おうとしている。
・自分自身の学び方のよさに気が付いている。 |

評価規準を子供が理解できる言葉に直すと、次のようになります。

一人一分間の音読大会を開こう（モチモチの木）　　　　　めあて・ふりかえり表

3年　　組　名前（　　　　　　　　　　）

1　めあてのポイント（ア・イ・ウ）と、説明

	ア　どんなことができるか	イ　どうやって読むのか	ウ　どんな思いで学ぶか
説明	①学習する場面の豆太のとくちょうを音読で表せる。	①サイドラインを引いて、登場人物の行動、気もちを表す言葉を見つける。	①今日の㊙を進んで楽しむ。
	②言葉の意味を知っていて、その使い方が分かる。	②登場人物の行動や気もちをくわしく想像して書く。	②「モチモチの木」に使われる言葉のよい所を見つけようとする。
	③場面と場面をくらべた結果、音読の仕方のちがいが分かる。	③場面と場面をくらべて、変化したことや様子をそうぞうする。	③グループの友達と作品の言葉や文からそうぞうしたことを進んで話し合おうとする。
	④読み取ったことをもとに音読の仕方が分かり、音読の工夫を記号で書きこめる。	④作品の言葉や文からそうぞうしたことを話し合って、自分と友達の感じたことがちがったり同じだったりすることに気がつく。	④グループの友達と音読が上手になるように、進んで学び合う。
		⑤行動、気もち、せいかくを表す言葉などをヒントにして、音読の仕方を工夫する。	

●ここが大事！

　次期学習指導要領では、「知識・技能」「思考・判断・表現」「主体的に学習に取り組む態度」という観点に沿って資質・能力を育成することとなります。

　これを、筆者は以下のように置き換えることにしました。

「知識・技能」　　　　　　　　⇒ア　どんなことができるか

「思考力・判断力・表現力等」　⇒イ　どうやって読むのか

「主体的に学習に取り組む態度」⇒ウ　どんな思いで学ぶか

記号「ア〜ウ」を頭に付けているのは、児童がめあてを設定する際に手早く表記させるためです（第1章ステップ3にて後述）。

「ア〜ウ」の説明欄には、子供が理解できる言葉を書きます。評価規準を基に、表現内容を考えてみましょう。単元の中で子供たちにどのような力を身に付けさせるのかが、より具体的に描けるようになります。

「子供が理解できる言葉に直す」ということは、評価規準で使われている言葉を噛み砕き、平易な表現にして表す必要があります。

例えば、評価規準に書かれた「語句が情景を効果的に表す役割を理解し、語彙を広げている」は、小学3年生に理解できる言葉といえるでしょうか。学級にいる全員に理解させるには、到底難しいといえます。

そこで、「言葉の意味を知っていて、その使い方が分かる」と表現してみたら、いかがでしょう。小学3年生は、国語辞典の使い方を学習し、意味調べを行うことができます。この表現ならば、きっと、理解できることでしょう。表現する言葉は、子供の学習履歴の中に登場した言葉を中心に扱います。新たな学習用語を用いる際は、単元の中で指導していく必要があります。

この作業を進める中で、教師は子供の学びの姿が描けるようになります。授業中、どのような姿を認め、「○○さん、素晴らしいね！　〜ができたんだね。」と価値付ければいいのかが、明確になります。○○さんに-とってみたら、学習のめあてにしたことを教師が認めてくれる訳です。きっとうれしい気持ちでいっぱいになることでしょう。

ちなみに、筆者は1年生〜6年生の各学年で、資質・能力の柱を下記のように言い換えています。上記の3年生も再掲し、表に整理しておきます。

発達段階を踏まえて、子供たちになじみやすい表現を心がけました。

	知識・技能	思考・判断・表現	主体的に学習に取り組む態度
1年生	ア　ことば	イ　こうやって　はなす・きくよ イ　こうやって　かくよ イ　こうやって　よむよ	ウ　やるぞ！　たのしい！
2年生	ア　ことば	イ　こうやって　はなす・きくよ イ　こうやって　かくよ イ　こうやって　よむよ	ウ　やるぞ！　たのしい！
3年生	ア　どんなことができるか	イ　どうやって読むのか イ　どうやって書くのか イ　どうやって話す・聞くのか	ウ　どんな思いで学ぶか
4年生	ア　言葉の知識・技能	イ　見方・考え方	ウ　学習への思い・態度
5年生	ア　言葉の知識・技能	イ　見方・考え方	ウ　学習への思い・態度
6年生	ア　言葉の知識・技能	イ　見方・考え方	ウ　学習への思い・態度

思考力・判断力・表現力等は1〜3年生は言語の領域ごとに項目名を変えました。しかし、語彙がある程度備わってくる4〜6年生では、言語の領域では、「イ　見方・考え方」にそろえました。これは、教科の特質に応じた見方・考え方のうち、国語科が育むとされ

る「言葉による見方・考え方」を受けたものです。言語領域を跳び越え、言葉をどのように見るのか、言葉でどのように考えるのか…、こうしたことに対するめあての意識を持たせることはとても大切です。資質・能力を教科の枠を越え、教科等横断的な視点に立って育成していく上で、まずは国語科という一教科の中で言語領域を越えていく必要があるだろう…、そのように考えました。

　評価規準に書かれた言葉は、相互に関連するように表記し、学習履歴を踏まえた上で、「めあてのポイント」は子供が理解できる表現にすることが大切です。ポイントをさらに細分化して、☆マークをつけて小項目を起こす方法もあります。この方法は後述します。

ステップ 3　イラストと吹き出しのセリフを考え、単元全体の学習の流れを細分化する

　めあてのポイントが定まったら、子供たちがより学習活動をイメージしやすいように、イラストを描きましょう。自作が難しい場合には、参考までに無料イラストサイト「いらすとや」(http://www.irasutoya.com/) にアクセスしてみてください。多くの学習場面のイラストがあります。

イラストの例※

　さて、吹き出しのセリフはどのような内容にすればよいでしょう。
　評価規準を読みながら、本単元で、どの程度達成されればよいのか。児童の発達段階を踏まえながらイメージしていきます。
　小学校3年生「モチモチの木」を例に、考えてみましょう。この単元では、音読大会に向かって、登場人物「豆太」の気持ちを想像します。想像したことを生かして音読をする

※著作権保護のため、イラストは本書のために描き下ろしたものを示しました。「いらすとや」には同一のイラストはありませんので、ご了承ください。

上で、想像の仕方をどのように行っていればいいのでしょうか。評価規準の文言には「場面ごとに変化する行動や気持ちを、叙述を基に具体的に想像している。」と書きました。場面が変わったときに、行動や気持ちが変化していることを、子供が気が付いている姿をイメージしていきましょう。気が付いたとき、子供はどんな声（心の中の声かもしれません）を発するのでしょうか。

　場面ごとに変化する行動や気持ち→「○場面では〜だったのに、□場面では…だ！」

　このような声を想像したら、イラストに吹き出しをつけて…

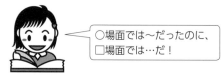

○場面では〜だったのに、□場面では…だ！

　いかがでしょうか。「場面ごとに変化する行動や気持ちを、叙述を基に想像している姿」が、具体的になってきたのではないでしょうか。ここで大切にしたいのは、子供たちにとって、イメージしやすい学習の姿なのか、ということです。このイラストと吹き出しを見たとき、子供たちが「ああ、なるほどね。ある場面でしていたことが他の場面では変わるところを見つければいいんだ。」と思えるのかどうか、が勝負です。

　この手続きを繰り返していくと、教師の中で単元の学習をする子供たちの姿がより具体的になります。「ああ、そういうことか。ここでは場面ごとの比較をさせていかなければいけないんだな。」「比較して、場面ごとに豆太の会話文の読み方が変わってくることに気付いている子供を、うんと認めてあげればいいんだ。」などといった、子供を認め・励ます瞬間が具体的に描けるのです。教師が具体的なビジョンを描いて授業をし、子供を認めているときこそ、子供たちが安心して学び進めることができるものです。

　かくして、できあがったのが次ページの「めあて・ふりかえり表」です。前掲の評価規準と比較すると、同義の語彙が、平易になるだけでなく、具体性を帯びたものになっていることと思います。

　子供のイラストに吹き出しをつける際、☆印を箇条書きの記号として用いることで、めあてのポイントをより具体的に示すことも可能です。「☆印、すべてできているかどうか、自分のできばえを『めあて・ふりかえり表』から確かめてみましょう。」と指示を出すと、効果的です。子供たちは、自分自身の学習を客観的な指標を基に、真正に評価しようとすることでしょう。

3年　　組　名前（　　　　　　　　　　　）

1　めあてのポイント（ア・イ・ウ）と、説明

	ア　どんなことができるか	イ　どうやって読むのか	ウ　どんな思いで学ぶか
説明	①学習する場面の豆太のとくちょうを音読で表せる。 この場面では、おくびょうな読み方ができます！　しかも暗記しています！	①サイドラインを引いて、登場人物の行動、気もちを表す言葉を見つける。 行動は赤、気もちは青で引こう。	①今日の[めあて]を進んで楽しむ。 よし、やってみよう！
	②言葉の意味を知っていて、その使い方が分かる。 ・せっちんの意味は… ・「しもが足にかみついた」っていうのは…	②登場人物の行動や気もちをくわしく想像して書く。 きっと「夜中に一人じゃこわいよう」って思ったんじゃないかな。	②「モチモチの木」に使われる言葉のよい所を見つけようとする。 この作品、言葉のひびきがよい所はどこだろう。ここかな？
	③場面と場面をくらべた結果、音読の仕方のちがいが分かる。 始め場面は〜で、終わり場面は○○です。	③場面と場面をくらべて、変化したことや様子をそうぞうする。 ○場面では〜だったのに、□場面では…だ！	③グループの友達と作品の言葉や文からそうぞうしたことを進んで話し合おうとする。 考えを友達に話してみたいなぁ。友達はどんなことを考えているか、聞いてみたいなあ。
	④読み取ったことをもとに音読の仕方が分かり、音読の工夫を記号で書きこめる。 大きく（強く）　　○− 小さく（弱く）　　●━ はやく　　　　　　→ ゆっくり　　　　　〜〜 間をあける　　　　〈 長い間をあける　　≪	④作品の言葉や文からそうぞうしたことを話し合って、自分と友達の感じたことがちがったり同じだったりすることに気がつく。 自分とちがう。 自分と同じだ。	④グループの友達と音読が上手になるように、進んで学び合う。 みんなで、アドバイスし合って、もっとうまくなろうね！
		⑤行動、気もち、せいかくを表す言葉などをヒントにして、音読の仕方を工夫する。 この場面の豆太は弱々しい声で読んでみようかな。	

観点	知識・技能	思考、判断、表現	主体的に学習に取り組む態度
単元の評価規準	・各場面ごとの豆太の特徴を意識し、言葉の抑揚や強弱、間の取り方などの工夫の一端が音読をする姿に現れている。 ・「しもが足にかみついた」「なきなき…走った」などの語句が情景を効果的に表す役割を理解し、語彙を広げている。 ・場面の様子の違いと豆太の「じさまぁ」という会話文の関係を理解している。 ・読解したことを基に、音読記号を使用し、読み方を注意することができている。	・おくびょうな豆太、じさまを救うため勇気を出す豆太など、場面ごとに変化する行動や気持ちを、叙述を基に具体的に想像している。 ・文章を読んで考えたことを友達同士で伝え合い、一人一人の感じ方の違いに気付いている。 ・各場面ごとの豆太の特徴を意識して、言葉の抑揚や強弱、間の取り方などを工夫して音読している。	・「いたくて、寒くて、こわかったからなあ」「…行けたっていい」などの語り手の語り口の豊かさや、「せっちん」「きも助」などの特徴的な語句がもつよさに進んで気付こうとしている。 ・場面ごとに変化する行動や気持ちを進んで想像しようとしている。 ・思いや考えを進んで伝え合おうとしている。 ・進んで音読の練習をし、友達と共に高め合おうとしている。 ・自分自身の学び方のよさに気が付いている。

ステップ4 「ふりかえり」の視点となる記述例を示す

　さて、「1　めあてのポイント」ができたら、「2　ふりかえり」の表を作成しましょう。
　「2　ふりかえり」では、今日のめあてがどの程度できたのか。◎・○・△の三段階で自己のできばえを評定するところから始めます。ふりかえりに慣れていない1、2年生には、これですませても十分です。

　記号に加えて、一言書くことができるようになるのは、1年生の場合、五十音を学習し、「せんせい、あのね」が書けるようになった2学期以降をお勧めします。

　筆者の知り合いには、1年生1学期のうちから、一言書かせることに成功している学級もあります。その方は、ふりかえりを行う際、たった一言、

「ふりかえりで、文が書けた人には、先生がお返事を書いてあげる！」

と言いました。

　すると、ある子が本当に先生から、お返事（赤のコメント）をもらいました。これを、クラスの友達が見て、

「いいなあ。先生から、お返事をもらっている！」

　みるみるとうらやましがるのです。その思いは学級全体に広がり、とうとう1学期のう

ちにふりかえりが書けるクラスになってしまったそうです。

　そんな、子供たちが進んで書きたくなるふりかえりは、どうやって生まれてくるのでしょう。いきなり書けるわけはありません。

　やはり、教師が手本となるように、ふりかえりの視点を示すとよいでしょう。

視点1　今日のめあては、どのくらいできたか。

　めあての到達度を言葉にして記述させます。前述したように、低学年のうちは、◎・○・△の三段階を書かせるところから始めます。

視点2　今日の学習で、よく分かったこと。（あまり、よく分からなかったこと。）

　どのような知識・技能や、考えが浮かんだか、記述して表現させます。発達段階を考慮すると、中学年以降は、必須の視点といえるでしょう。あまり、よく分からなかったことを書かせることで、指導の修正が必要な場合には重要な手がかりになります。

　高学年の子供たちにも、「分からない、と書いても、成績が悪くなることは一切ない」と、伝えると、本音を書くことでしょう。

視点3　明日からもっと学習してみたいこと。

　学習活動を行うと、楽しく感じたり、疑問に残ったりしたことをさらに追究したくなることがあります。直観的・全体的に考えを表現する視点なので、発達段階としては、低学年の児童にも、比較的書きやすい視点といえるでしょう。

学習した日	今日のめあて（一つだけ）◎・○・△	1　今日のめあては、どのくらいできたか。 2　今日の学習で、よく分かったこと。 　（あまり、よく分からなかったこと） 3　明日からもっと学習してみたいこと。
11/6	ア—①	1　豆太のとくちょうは分かったけれど、音読がうまくいかなかった。 2　中心人物が、「始め」場面では…だったのに、「山場」で〜をしたから、大きな声で音読をすればいいことが分かった。 ▶3　くわしく想像したことを音読記号に表して練習をしたい。
		（　　）

視点1〜3の記述例を考えてみましょう。何を書いていいのかが分からない子供にとって、ヒントになります。できるだけ平易な文面で書きましょう。

ステップ **5** 児童に提示し、「めあて・ふりかえり表」の
中からめあてを指定する

● 「めあて・ふりかえり表」の提示

　さあ、学習指導の始まりです。単元が始まる最初に、「めあて・ふりかえり表」を児童に提示しましょう。

一人一分間の音読大会を開こう（モチモチの木）　　　　　　　　　　めあて・ふりかえり表

3年　組　名前（　　　　　　　　　　）

1　めあてのポイント（ア・イ・ウ）と、説明

	ア　どんなことができるか	イ　どうやって読むのか	ウ　どんな思いで学ぶか
説明	①学習する場面の豆太のとくちょうを音読で表せる。　この場面では、おくびょうな読み方ができます！　しかも暗記しています！	①サイドラインを引いて、登場人物の行動、気もちを表す言葉を見つける。　行動は赤、気もちは青で引こう。	①今日の圏を進んで楽しむ。　よし、やってみよう！
	②言葉の意味を知っていて、その使い方が分かる。	②登場人物の行動や気もちをくわしく想像して書く。	②「モチモチの木」に使われる言葉のよい所を見つけようとする。

T：では、○○さん、「ア　どんなことができるのか」の①でお話している吹き出しを読んでみましょう。

C：はい、「この場面では、おくびょうな読み方ができます！　しかも暗記しています！」

T：ありがとう。この作品では、場面ごとに豆太の様子が変わります。なので、どんな読み方をしていくといいのかを考えて音読するといいでしょう。そして、音読する場面を、暗記ができるとよいですね。暗記ができるようになるためには、音読を家でもしっかり練習していかないといけません。

　いかがでしょうか。「めあて・ふりかえり表」を児童に提示したら、一つ一つの吹き出しを確かめることが大事です。児童は、実際に声に出して読んでみることで、今回の学習では、何が大事なのかが少しずつ分かっていきます。

●めあての指定

一人一分間の音読大会を開こう（モチモチの木）　　　　　　　　めあて・ふりかえり表

3年　組　名前（　　　　　　　　）

1　めあてのポイント（ア・イ・ウ）と、説明

	ア　どんなことができるか	イ　どうやって読むのか	ウ　どんな思いで学ぶか
説明	①学習する場面の豆太のとくちょうを音読で表せる。 この場面では、おくびょうな読み方ができます！　しかも暗記しています！	①サイドラインを引いて、登場人物の行動、気もちを表す言葉を見つける。 行動は赤、気もちは青で引こう。	①今日の㊙を進んで楽しむ。 よし、やってみよう！
	②言葉の意味を知っていて、その使い方が分かる。	②登場人物の行動や気もちをくわしく想像して書く。	②「モチモチの木」に使われる言葉のよい所を見つけようとする。

T：今日は、みなさんで「モチモチの木」の第1場面を読み、「豆太」がどのような特徴
　がある人物なのかをまとめていきます。会話や行動にサイドラインを引いて、書き出
　します。今日のめあては「イ―①にしましょう。」

　「めあて・ふりかえり表」を用いるとき、単元の最初から児童に本時のめあてを選ばせ
ると、教師のねらいとズレてしまうことがあります。仮に、本時の学習を全く見通せない
段階で

T：どのめあてから選んでも構いません。選んでみてください。

などと教師に言われても、戸惑ったり、困ってしまったりする子が多いものです。

　そこで、学習の初期段階は教師がめあてを指定し、児童にめあてを設定させていきます。
単元が進んでいくうちに、

　「今日はア―①か、イ―②か、ウ―③にしてみましょう。」などと、少しずつ選択の幅を
広げていくとよいでしょう。この選択の幅は、児童の実態によって変わっていきます。児
童は、毎時間ごとにめあての達成度合いを考えながら「ふりかえり」を書きますので、そ
の記述を参考にしながら、次時にどの程度めあての選択肢を広げていくのかを考えるとよ
いでしょう。

　本時に行う言語活動をイメージして、めあてを指定したり、選択させたりすること。こ
れが、めあてを選ばせるときに重要なこととなります。どのように投げかけるのか、単元
の学習過程を踏まえて決定しましょう。

一人一分間の音読大会を開こう（モチモチの木）　　　　　　　　　　　　　めあて・ふりかえり表

3年　組　名前（　　　　　　　　）

1　めあてのポイント（ア・イ・ウ）と、説明

	ア　どんなことができるか	イ　どうやって読むのか	ウ　どんな思いで学ぶか
説明	①学習する場面の豆太のとくちょうを音読で表せる。 「この場面では、おくびょうな読み方ができます！ しかも暗記しています！」	①サイドラインを引いて、登場人物の行動、気もちを表す言葉を見つける。 「行動は赤、気もちは青で引こう。」	①今日の圏を進んで楽しむ。 「よし、やってみよう！」
	②言葉の意味を知っていて、その使い方が分かる。 ・せっちんの意味は…	②登場人物の行動や気もちをくわしく想像して書く。 きっと「夜中に一人	②「モチモチの木」に使われる言葉のよい所を見つけようとする。 ○×□

T：今日は、「イ―①」をめあてに、次の学習問題を解決していきます。

　学習問題　登場人物「豆太」はどのような人物なのだろう。

　児童と共にめあてを確認したら、学習活動に入りましょう。今日の学習場面を、子供たちが音読します。学習範囲となる場面を音読してから、登場人物の心情を想像していきます。

　めあてのポイントをつかんでいるため、児童はサイドラインを引いて、登場人物の行動描写に赤鉛筆で線を引き、気持ちが表れている描写に青鉛筆で線を引くことを見通しています。
　（5分間の自力解決をさせた後に…）
T：「豆太」は、どのような人物なのでしょう。
C₁：豆太は「おくびょう」な人物です。
T：「おくびょう」。どこかに、ヒントになる言葉がありましたか。
C₁：「全く、豆太ほどおくびょうなやつはない。」と書いてありました。
T：ここに、サイドラインを引いた人？
C：（大半が挙手）
T：なるほどね。付け足しがある人。
C₂：こわがりだと思います。1の場面で「夜中にはじさまについてってもらわないと、一

人じゃしょうべんもできないのだ。」と書いてありました。

T：ここに、サイドラインを引いた人は？

C：（20名くらいが挙手）

T：おくびょうで、こわがりなんだ。他にはありますか。

C₃：私は、さみしがりだと思います。

T：どうしてさみしいの。

C₃：だって、「とうげのりょうし小屋に、自分とたった二人でくらしている豆太」と書いてあるから、おとうもお母さんもいないんだと思います。

T：ほほう。よく気が付きましたね。「たった二人でくらしている」だって。
　このことに気が付いていた人は？

C：（数名が挙手）

T：では、手が挙がらなかった人は反対ですか？

C₄：いや、「さみしがり」だと思う。お母さんもおとうもいなかったら、それは寂しい。

T：分かりました。（板書する）

　学習問題「豆太は、どのような人物なのだろう。」を解決する上で、めあてを「サイドラインを引いて、登場人物の気持ちや行動を表す言葉を見つける。」にすることで、どのような力をつけるのかが明確になります。これは、他の物語に出会ったときも使用できる、汎用的な力です。このような視点をもてると、年間を通じて子供たちに力をつけることに繋がります。

　ステップ5でも書きましたが、本時に行う言語活動をイメージして、めあてを指定したり、選択させたりしましょう。

ステップ7　めあてがどの程度達成できたのか、学習活動を振り返る

学習した日	今日のめあて（一つだけ）◎・○・△	1　今日のめあては、どのくらいできたか。 2　今日の学習で、よく分かったこと。（あまり、よく分からなかったこと） 3　明日からもっと学習してみたいこと。
11/6	ア―①	1　豆太のとくちょうは分かったけれど、音読がうまくいかなかった。 2　中心人物が、「始め」場面では…だったのに、「山場」で〜をしたから、大きな声で音読をすればいいことが分かった。 3　くわしく想像したことを音読記号に表して練習をしたい。
		（　　　）

Ｔ：（授業終了時刻、３分前）では、今日の学習を振り返ってみましょう。

　今日のめあては、どのくらいできたでしょう。よく分かったことや、あまり、よく分からなかったことはありましたか。明日、もっと学習してみたいことがあったら書きましょう。

　ステップ６に示したように、本時は下記の学習問題を、イ―①と指定し、めあてに取り組みました。

　めあて　ア―①、イ―①

　学習問題　登場人物「豆太」はどのような人物なのだろう。

　サイドラインを引いて、「１　豆太がどのような人物なのかを整理する学習は、どの程度、行えたのでしょう。」「２　子供は、どのようなことが分かり、どのようなことが分からなかったのでしょう。」「３　明日からもっと学習してみたいことはどのようなことなのでしょう。」

　子供の書いたふりかえりから、これら１～３のことが察知できます。ふりかえりを書かせる前に、１～３のどれについて書くのか、番号をつけてから書かせるようにしましょう。これにより、教師も視点を持ちながら読むことができます。

　ふりかえりを書く時間は、３分間ほど確保するといいです。ふりかえりを書く速度や記述量には、個人差があります。素早く書き終わった子に対しても、３分間は静かに、落ち着いた時間の中で自分自身の学びを振り返るように声掛けします。

●子供のふりかえり例

１　今日のめあては、どのくらいできたか。

・めあては、たっせいできた。

・今日の学習問題をたのしめた。

・できた～。

２　今日の学習で、よく分かったこと。（あまりよく分からなかったこと）

・豆太が「モチモチの木」と名付けたことが分かった。

・豆太のせいかくが分かった。

・豆太は、「始め」の場面ではちょっとこわがりだったけど、中心にちょっとゆうきを出した。

・豆太はこわがりなのに医者を呼んだのがすごい。

・豆太のとくちょうがわかった‼

・じさまと豆太だけしかいないの、悲しい。

３　明日からもっと学習してみたいこと。

・感想文を書きたいです。

・明日からもっとくわしく書く。

・おもなできごとをまとめたい！

・主な出来事をまとめたい！

・明日も豆太のことを知りたいです！

これらの記述から、子供たちの学習状況を把握して

いきましょう。今日の授業で、子供が内容理解ができていたのか、それともあまり分かっていなかったのか。分かっていない子は、どのようなことにつまずいているのか、などが見えてきます。また、子供はサイドラインの引き方を把握し、豆太がどのような人物かをまずまず理解できたようです。

　しかし、ちょっと待ってください。「〜のことが分かりました。」と書いてあれば、本当に分かっていたといえるのでしょうか。子供たちのことを疑うわけではありませんが、子供というのは、「分かりましたか？」と聞かれれば、「分かりました。」と答えるものです（実際はともかく…）。

　そこで、「めあて・ふりかえり表」を提出させる際、下記のような工夫をすることを推奨します。「めあて・ふりかえり表」とワークシートを一緒に提出させることで、教師が子供のふりかえりにある、「分かりました。」と書いた事柄が確認できたり、より具体的に把握できたりします。

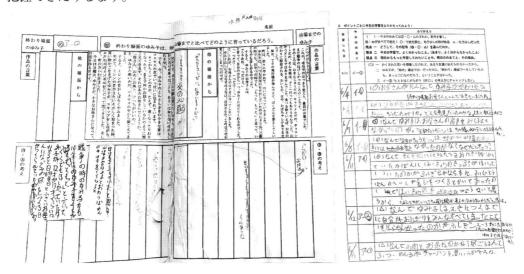

図 「めあて・ふりかえり表」とワークシートをセットで提出（図は小学四年「一つの花」（教育出版）の学習時に使用したもの）

ステップ **8** 一人一人のふりかえりに、教師のコメントを書く

　「めあて・ふりかえり表」を集めたら、一人一人のふりかえりにコメントを書きます。コメントには、少なくとも下記①〜④の分類があります。

①子供の学びに向かう努力に対する承認
　　「〜をよくがんばっていましたね！」
　　「昨日は○○だったけれど、今日は□□でしたね！」
　　「○○さんの音読、とても上手でしたよ！」

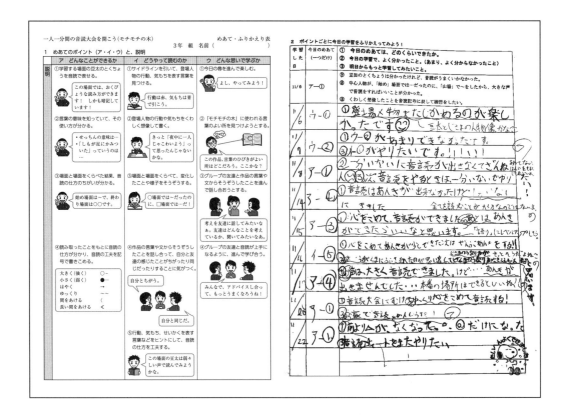

「イ―①がバッチリできていました。」

「音読記号を意識して読めていました。」

　「すてきだったよ。教室を通りかかった校長先生がとてもほめていました。」

　基本的なスタンスとして、子供たちには毎時間の学びに対する努力を承認するようにしてコメントします。子供のふりかえりに、話しかけるように書くことで、一人一人の子供との結び付きが強くなります。

②困り感に対する支援

　　（音読練習をしたものの、どのように読んでいいのかが分からない児童に対して）

　「『じさまぁ。』は、豆太のこわがる様子を考えて音読しましょう。」

　「『じさまぁ。』と『じさまぁ。』を変えると様子が伝わりますよ。」

　　（場面ごとの主な出来事を整理した所、うまく整理できていなかった児童に対して）

　「（いつ・どこで・だれが・どうした）の文を基にして、主な出来事を考えてみましょう。」

　ふりかえりの観点の一つに「今日の学習で、よく分かったこと。（あまり、よく分からなかったこと）。」という項目があります。子供たちは、前向きなふりかえりを書こうとするものです。また、あまり、よく分からなかったことを書いてしまうのは、成績のことを

考えてしまうのか、いろいろとまずいのではないかと考えてしまう傾向があります。しかし、教師にとって、「めあて・ふりかえり表」は成績をつけるために行うのではありません。子供の学習に寄り添うために行うものです。子供にとって、「めあて・ふりかえり表」が、成績のために行われてしまったら、大失敗といえるでしょう。本音を書けなくなるからです。

　そうではなく、学びに対する本音を書いていいツールなのだ、と思えるように扱いましょう。分からないこと・困っていることを教師に伝えたり、学級全体で考え直したりしていくと、学習の質が深まるもです。高学年などで、成績を気にする向きが見られたら、はっきりと宣言しましょう。

　「めあて・ふりかえり表」は、成績つけのために行っているのではありません。安心して、分からないことや困っていることも書いてください。」

　子供たちは、安心して「分からないことや、困っていること」を書くことでしょう。ヒントとなるようなコメントや、直接話してアドバイスするなどのかかわりができることが大切なのです。

③他の児童との情報伝達
　（学習問題「豆太は勇気のある子供なのだろうか。」の話合いの後）
　「○○さんも、同じように考えていましたよ。」
　「□□さんは、同じ部分を読んだときに、豆太は勇気がある子だと考えていました。」
　「○○さんに、その考えを教えてあげてください。」

　子供が書いたすべてのふりかえりを毎時間読んでいるのは、指導者の教師だけです。子供には知らない情報を、数多く持っていることになります。ある児童のふりかえりが、他の児童の学びに、大きなヒントをもたらすことがあります。これを伝えることができるのは、もちろん、ふりかえりを読んでいる教師だけです。

④めあて意識の修正
　（一分間で自分の予定した範囲を音読するために、素早く読もうとした児童に対して…）
　「いやいや、早く読めばいいわけではありません。気持ちを想像して、ていねいに読みましょう。」
　「読み切ることが大事なのではないですよ。」

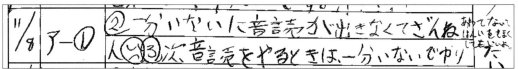

図　「一分いないに音読ができなくてざんねん」と記述した児童

　　教師と子供の学習活動に対するイメージがズレていると、授業後に「どうしてこんなことを書いたんだろう？」と不思議に思うことがあります。しかし、子供には、子供なりのめあて意識があり、考えていることがあるものです。どのような意識でめあてを立てているのかを読み解き、適切に助言していくことが求められます。

　　学習材「モチモチの木」を用いた「一人一分間の音読大会を開こう」では、子供たちの中に「一分間、できるだけたくさん読めた方がよいのではないか。」という意識が生じました。しかし、これをそのまま実行してしまうと、一人一分間の早口大会になってしまうのです。場面ごとに移り変わる豆太の気持ちを想像し、これを音読で表現する姿をイメージしていた教師と、学習を進める子供たちとの間に、めあて意識のズレが生じてしまったのです。そこで、筆者は下記のようなコメントを書きました。

　　　「あわてないで、はんいを少しせまくしてもいいよ。」

　　コメントを通じて、子供にめあて意識の修正を促すとともに、目指す音読の姿を学級全体で話し合いました。
　　このような学習に対するめあて意識の修正が図れるのも、ふりかえりを書かせているからこそ、可能になるのです。

⑤自己評価の修正

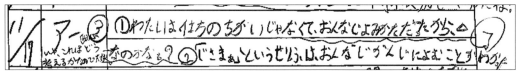

図　「自分の学習の度合いが△なのかなぁ？」と考える児童

　　上図は、終わり場面の「じさまぁ」の読み方を、「始め」の場面の「じさまぁ」と同じ読み方にするといいのではないか、と考えた児童のふりかえりです。豆太が勇気を出した後、じさまが元気になって、また「じさまぁ」とじさまを起こした叙述に対して、上図の児童は、「始め」の場面の「じさまぁ」と同じ読み方をしよう、と考えました。筆者は、「いや、これは自分がどう考えるかなので、大丈夫。」とコメントしました。話合いをしても、考え方が分かれる叙述があります。これに対して、自分なりの考えをもって音読するのであれば、承認することが望ましいと考えます。
　　また、学習が深まっていくごとに、自分に対する評価が厳しくなっていく子もいます。

または、単元が進んでいるにもかかわらず、あまり学習が深まっていないことに気付いてしまう子もいます。どちらの児童も、学習に対する自信を失いかけている可能性がありますので、そうした場合は、できていることを率直にコメントしたり、ふりかえりを基に直接話したりして、勇気づけていくとよいでしょう。

ステップ **9** 授業の導入時に、抽出児童のふりかえりと、教師のコメントを紹介する

「ふりかえり」に教師のコメントを記入している中で、学級全体に広めたい優れた記述が出てくるものです。次時の導入時に紹介できるように、「めあて・ふりかえり表」を拡大印刷し、記述しておきましょう。このとき、教師のコメントもあわせて載せておくと、児童は「先生は、こういう学習の姿を期待しているんだな。」と感じます。また、児童が「先生、ぼくの「ふりかえり」を載せてくれたんですね。」とうれしそうに話しかけてくるようになります。こうしたやり取りを通じて、よりよいふりかえりが書けるようになりたい、と意欲づけすることにも繋がります。

また、ステップ8に示したように、児童の学習に向かう意識を修正することもできます。

授業の導入時に、下記のような説明をします。

T：「今度こそ一分以内で早く読めるようになりたい。」というふりかえりがありました。これに、先生は「いやいや、それがめあてではないよ。心をこめてゆっくり。」とコメントしました。みなさんは、一人一分間の早口大会をしているわけではありませんよね。早口の音読と、登場人物の気持ちを想像して、ゆっくり読む音読では、どちらができるようになりたいですか。

C₁：登場人物の気持ちを想像して、ゆっくり読む方がいいです。

C₂：でも、先生、自分が決めた範囲が読み切れない場合はどうしたらいいですか。

T：これは、○○さんにコメントしたのですが、「あわてないで、はんいを少しせまくしてもいいよ。」と伝えました。範囲が広すぎて早口になってしまいそうな場合は、自分の音読する範囲を狭くするように考え直してみましょう。

C₂：たしかに、その方が落ち着いて音読ができそうです。…

いかがでしょうか。筆者は、児童にふりかえりを書かせて、教師がこれにコメントをするだけでなく、次時に紹介するからこそ、学級での学習指導が修正・改善することができると考えています。実行する手間はかかります。出張や会議などで、十分なコメントが書けないこともあるでしょう。しかし、そうした日を除いて、できるかぎり子供たちのふりかえりに付き合ってみてください。これまでは見えなかった、児童が学習を通じて理解していたことや、理解できていなかったことが見えてくることでしょう。

2 ポイントごとに今日の学習をふりかえってみよう！

学習した日	今日のめあて（一つだけ）	① 今日のめあては、どのくらいできたか。 ② 今日の学習で、よく分かったこと。（あまり、よく分からなかったこと） ③ 明日からもっと学習してみたいこと。
11/6	アー①	① 豆太のとくちょうは分かったけれど、音読がうまくいかなかった。 ② 中心人物が、『始め』場面では…だったのに、「山場」で〜をしたから、大きな声で音読をすればいいことが分かった。 ③ くわしく想像したことを音読記号に表して練習をしたい。
11/6	ウー① など	② 豆太 が「モチモチの木」と名付けたのが分かりました。（　　　） ③ （主な出来事をまとめるとき）みんなこんがらがって、よく進められなかった。
11/7	イー②③ など	① せっていをまとめられてうれしい。（　　） ② 豆太がモチモチの木と名付けた理由が分からない。（　　　）
11/8	アー① など	② 豆太とじさまの気持ちをそうぞうしてもってやりたかったです！（後夜さんや〜さんがうまかった。） ② 豆太がこわがるのは、クマのつめでやられそうだと思う。（「おとう」のことを思い出すのかな？②）
11/14	アー④	① 今度こそ1分以内ではやく読めるようになりたい。めあてではないよ。心をこめて（じゃ、それが・・） ③ もっと声を大きく出す！（〜がから全体的に大きくね②豆太をもっと知る！（　　）の大切！！
11/15	アー③ イー⑤ うー④	① あとは暗記ができたらいいなと思います。「語り」にレベルアップしよう！ ③ 明日、音読の強弱をがんばりたい。（　　）上手だから、とても楽しみです！
11/16	アー②④ イー⑤ うー④	② 豆太が勇気を出してじさまを助けたのが分かった。（　　）なるほど、勇気か！ ① みんなにアドバイスをもっとできなかった。自分が読むだけでなく、学び合うのが大切ですよね！
11/17	アー②④ イー②⑤ うー④	② おなかがいたいときは、豆太は一人でトイレに行っていたんじゃないかと思います。（するどい！） ③ 「じさまぁ。」と言う場所では小池さんがうまかったから、まねする（すばらしい！友達から学んだね！）
11/20	アー④ イー④ うー④	① まだかんぺきにはできていないから、かんぜんに暗記したい。（　　）おうえんしているよ！ ③ 本番のとき、もっともっと声を大きく出したい。（　　）がんばって！！

図1　拡大印刷した「めあて・ふりかえり表」（ふりかえり部分）

<h2>ステップ10　パフォーマンス評価を行い、単元全体のふりかえりを行う</h2>

　パフォーマンス評価とは、田中（2017）によると、「パフォーマンス評価とは、朗読、演技、スピーチ、プレゼンテーション、実験（器具の組み立てなど）、演奏、歌唱、運動、調理、ものづくりなどの実演的活動を行わせ、そこで示された技能の熟達度や知識の活用度について評価する方法」です。（詳しくは、田中博之著『実践事例でわかる！　アクティブ・ラーニングの学習評価』（学陽書房）を参照）

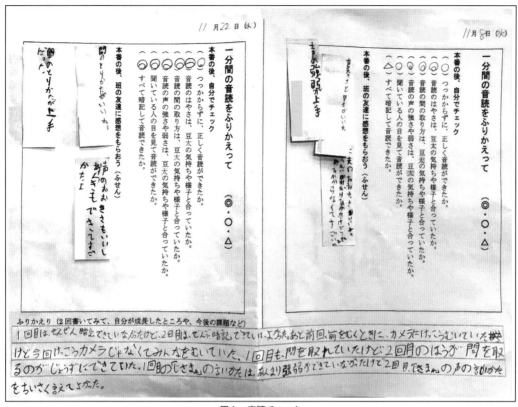

図1　音読チャート

　パフォーマンス評価をする場合、一度だけではなく、学習を蓄積した後、もう一度行うことが望ましいです。なぜなら、二度行うことで、学習した知識・技能の活用が見込めるため、児童が学習の効果を実感することができるからです。

　そこで、筆者は図1のように、左右に同じフレームを入れて、単元を通じて、二度のパフォーマンス評価を行えるワークシートを開発し、実践を蓄積しています。[1]

　図1に載せた、学習材「モチモチの木」で「一人1分間の音読大会」を行った児童のふりかえりには、以下のような記述が見られました。

> 　1回目はぜんぜん暗記できていなかったけど、2回目は、ぜんぶ暗記できていて、よかった。あと、前回、前をむくときに、カメラにけっこうむいていたけど、今回、けっこうカメラじゃなくて、みんなをむいていた。1回目も、間を取れていたけど、2回目の方が間を取るのが上手にできていた。1回目も「じさまぁ」の言いかたは、あんまり強弱ができていなかったけど、2回目、「じさまぁ」の声の言いかたをちいさく言えてよかった。（表記、原文ママ）

　この児童は、単元当初に行った1回目の一人一分間の音読を行った後、「一分間、すべ

1　チャートを用いたパフォーマンス評価の実践事例は、拙著『小学校国語のパフォーマンス評価』（明治図書）に詳しい。

て暗記をして音読をしたい。」という思いを抱き、学習を積み重ねてきました。そして、2回目の一人一分間の音読を行ったところ、暗記ができていたことに加え、目線をクラス全体に向けられたことや、間を取って、登場人物の会話文「じさまぁ」を工夫して読むことに成功しています。「めあて・ふりかえり表」に書いてきた音読についての思いが昇華した事例といえるでしょう。

　このように、単元の終末にはワークテストを行うだけではなく、学習の成果が実感できる言語活動を設定し、児童一人一人が「学習を積み重ねてきてよかった。」と、充実感をもって終えられるようにしたいものです。

　文部科学省（2017）が示した『小学校学習指導要領解説　総則編』には「評価に当たっては、いわゆる評価のための評価におわることなく、教師が児童のよい点や進歩の状況などを積極的に評価し、児童が学習したことの意義や価値を実感できるようにすることで、自分自身の目標や課題をもって学習を進めていけるように、評価を行うことが大切である。」と書かれています。また、「…ペーパーテストの結果にとどまらない、多面的・多角的な評価」の必要性も示されています。本書第3章の事例をぜひご参照ください。

第2章
　「めあて・ふりかえり表」による指導の実際

こえに だして よもう

「スイミー」（東京書籍　1年下）

1　単元の目標

(1)　知識及び技能
語のまとまりや言葉の響きなどに気を付けて音読すること。

(2)　思考力、判断力、表現力等
登場人物の行動を中心に、場面の様子を具体的に想像すること。

(3)　学びに向かう力、人間性等
登場人物の行動を基に想像したことを伝え合ったり、よりよく学ぼうとしたりする態度を養う。

2　評価規準

観点	知識・技能	思考、判断、表現	主体的に学習に取り組む態度
単元の評価規準	・言葉の響きや語句のまとまりがあることに気付き、想像したことや場面の様子が伝わるように音読している。	・人物の行動や言葉に気を付けて、場面の様子や人物の気持ちを想像しながら読んでいる。 ・書いたり話したりして、感想を友達同士で伝え合っている。	・物語の好きなところを見つけて音読するという活動に、意欲的に取り組もうとしている。 ・進んで文や言葉から想像したことを伝え合おうと知っている。 ・友達や自分の音読のよさを見つけようとしている。

3 単元の学習指導計画（全12時間）

次	時	学習活動	◎支援 ◆評価（方法）
一次	1	・「スイミー」という題名（言葉）から想像したことを発表する。 ・「スイミー」の全文を読む。 ・あらためて、「スイミー」という言葉のイメージを交流する。 ・本時のふりかえりをする。	◎挿絵を提示しながら場面分けを行い、理解しやすくする。 ◆言葉には、意味による語句のまとまりがあることに気付き、物語に対する思いを深めている。　　　（発表・ワークシート）
	2 3	・作品の設定（登場人物、場面の主な出来事）を把握する。 ・初発の感想を書く。 ・初発の感想を全体で交流する。 ・本単元の学習問題を把握する。 ・本単元のゴールを知る。 ・本時のふりかえりをする。	◆物語の好きなところを見つけて音読するという活動に、意欲的に取り組もうとしている。　　　（発表・ワークシート）
二次	4	・「めあて・ふりかえり表」を用い、めあてを立てる。 ・読みの課題1 「スイミーとは、どんなさかななのだろう。」を話し合う。 ・「めあて・ふりかえり表」を用い、学習を振り返る。	◎ワークシートに時・場所・人物等が押さえやすい項目を示し、簡潔に整理できるようにする。 ◆人物の行動や言葉に気を付けて、場面の様子や人物の気持ちを想像しながら読んでいる。　　　（音読・ワークシート）
	5	・「めあて・ふりかえり表」を用い、めあてを立てる。 ・読みの課題2 「ひとりぼっちになったスイミーは、どんなようすだったのだろう。」を話し合う。 ・「めあて・ふりかえり表」を用い、学習を振り返る。	◎体を動かして、一つ一つの言葉の想像を膨らませ、スイミーの気持ちを想像しながら音読する。 ◆人物の言葉や行動に気を付けて、場面の様子や人物の気持ちを想像しながら読んでいる。　　　（観察・ワークシート）

二次	6	・「めあて・ふりかえり表」を用い、めあてを立てる。 ・読みの課題3 「すばらしいものを見つけたスイミーは、どんな気もちだったのだろう。」を話し合う。 ・「めあて・ふりかえり表」を用い、学習を振り返る。	◎体を動かしながら、一つ一つの言葉の想像を膨らませ、スイミーが見つけた"素晴らしいもの"を想像しながら音読する。 ◆人物の行動や言葉に気を付けて、場面の様子や人物の気持ちを想像しながら読んでいる。 (観察・ノート)
	7	・「めあて・ふりかえり表」を用い、めあてを立てる。 ・読みの課題4 「小さなさかなのきょうだいたちを見つけたスイミーは、どんな気もちだったのだろう。」 ・「めあて・ふりかえり表」を用い、本時の学習を振り返る。	◎体を動かしながら、一つ一つの言葉や、会話文について想像を膨らませ、小さな魚の兄弟たちを見つけた様子を想像しながら音読する。 ◆人物の行動や言葉に気を付けて、場面の様子や人物の気持ちを想像しながら読んでいる。 (観察・ワークシート)
	8	・「めあて・ふりかえり表」を用い、めあてを立てる。 ・読みの課題5 「ぼくが、目になろう。」と言ったスイミーは、どんな気もちだったのだろう。」を話し合う。 ・「めあて・ふりかえり表」を用い、本時の学習を振り返る。	◎体を動かしながら、一つ一つの言葉や、スイミーの言葉について想像を膨らませ、スイミーたちが大きな魚を追い出す様子を想像しながら音読する。 ◆人物の行動や言葉に気を付けて、場面の様子や人物の気持ちを想像しながら読んでいる。 (観察・ワークシート)
三次	9 〜 12	・「めあて・ふりかえり表」を用い、めあてを立てる。 ・好きな場面を音読練習する。 ・音読発表会を行う。 ・「めあて・ふりかえり表」を用い、本時の学習を振り返る。	◆物語の中で自分の好きなところを見つけ、想像したことや思ったことが伝わる。 (観察・ワークシート)

4 めあて・ふりかえり表

「スイミー」 ★めあて・ふりかえりひょう★

	ア ことば	イ こうやってよむよ	ウ やるぞ! たのしい!
ここからえらんで、めあてを きめよう。	①きもちを あらわす ことばを 見つける。 「さびしかった。」は、スイミーのきもちをあらわすことばかな。	①どんなおはなしか かんがえる。 だれが出てくるかな。どんなことがおこったかな。	①きょうの 学しゅうをたのしむ。 よし、やってみよう!
	②ことばのいみを かんがえながら 音どくしている。 「おそろしい」は、どうやって 音どくすれば、いいかな。	②スイミーがしたことや、はなしたことから、ようすや気もちをそうぞうする。 スイミーは、こんなことを している。だから、こんなきもちかな。スイミーは、こんなことを いっている。だから、こんな気もちかな。	②じぶんで かんがえようとする。 すてきなせりふは、どこだろう。 うれしいきもちで、音どくしたいな。
		③かかれていることを もとにして ものがたりのすきなところを 見つけている。 スイミーが、〜をしている、ここのところがすきだな。りゆうは、…だから。	③文やことばから そうぞうしたことを、ともだちにつたえようとする。 わたしは、〜から…とおもったよ。
		④そうぞうしたことや ばめんのようすが つたわるように 音どくしている。 わたし(ぼく)は、○○の〜というきもちがつたわるように、音どくします。	

日づけ	きょうの めあて	じぶんの めあてに ついての ふりかえり
／		（　）
／		（　）
／		（　）
／		（　）
／		（　）
／		（　）
／		（　）
／		（　）
／		（　）
／		（　）
／		（　）

◎：しっかりできた！　○：できたところと、もうすこしのところがある　△：もうすこし

5　パフォーマンス評価（音読発表会と、そのふりかえり）

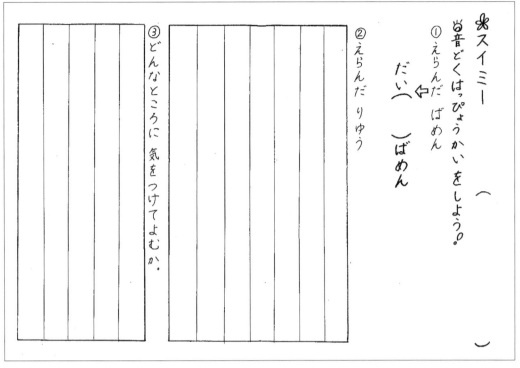

＊スイミー（　）

☆音どくはっぴょうかいをしよう。

① えらんだ ばめん

だい（　　）ばめん　⬅

② えらんだ りゆう

③ どんなところに 気をつけてよむか。

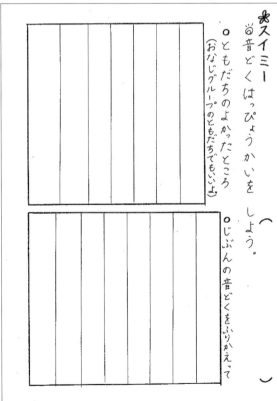

＊スイミー（　）

☆音どくはっぴょうかいを　しよう。

○ともだちのよかったところ
（おなじグループのともだちでもいいよ）

○じぶんの音どくをふりかえって

＊本実践の音読発表会…

　音読を行う上で、どの場面が特に心に残っているかを一つ選びます。そして、選んだ理由の欄には、どんなことが、どのように心に残ったのかを詳しく説明します。その上で、どのようなところに気を付けて音読したいのかを明示し、登場人物の行動を中心に想像した事柄に対する自分の考えを記入できるようにしました。

　音読発表会に参加する際、同じグループの友達のよかったところをメモし、ふりかえりを書けるようにしました。

6 実践紹介（抽出児童「F児」のふりかえり、ノート記録等から）

第3時　めあて　イ―③
　　F児がすきなところと、その理由
　　　　ぼくがすきなばめんは、だい六ばめんの、大きなさかなをおい出したところです。
　　　わけは、スイミーと小さいさかなのきょうだいたちが大きなさかなをおい出して、す
　　　ごいなと思ったからです。
　　F児のふりかえり
　　　　スイミーのしたことを考えて、すきなばめんをえらんでたのしくできました。
　　教師のコメント
　　　　スイミーのしたことにちゅうもくできて、すごい！

第7時　めあてイ―②
　　「小さな赤い魚たちを見つけたときのスイミーの気もち」を想像したF児の考え
　　　　いわを出たら、ぼくとそっくりのきょうだいたちがたべられちゃう。なんとかかん
　　　がえなくちゃ。
　　F児のふりかえり
　　　　スイミーが一人じゃなくなったときの気もちをかんがえることができました。
　　教師のコメント
　　　　じぶんのきょうだいとそっくりの赤いさかなたちにあえて、スイミーはこころづよ
　　　くなったんだね！

第8時　めあて　イ―②
　　「スイミーは、どんな気もちで『ぼくが、目になろう。』といったのだろう。」を想像し
　　たF児の考え
　　　　みんなちゃんとおよげるようになったね。じゃあ、ぼく、くろいからちょうど目に
　　　なれそうだったから、すぐしゅっぱつしたほうがいいかもしれないな。
　　F児のふりかえり
　　　　スイミーと小さなさかなたちが大きなさかなになって、すごく頭がいいんだなとお
　　　もいました。
　　教師のコメント
　　　　ようすをそうぞうできましたね！

第12時　めあてイ―④
　　F児が気を付けて読むところ
　　　　おい出したところ。（スイミーたちが）がんばってれんしゅうしてやったんだな、
　　　とみんなにつたえられるようにがんばりたいです。

音読発表会での自分の音読に対するＦ児のふりかえり
　　みんなにスイミーたちががんばっているということがつたわったとおもいます。
教師のコメント
　　よくがんばりましたね！　しっかりそうぞうできたから、りっぱに音読ができたん
　だね！

解　説

　Ｆ児は、第３時の時点では、スイミーと小さいさかなのきょうだいたちが大きなさかな
を追い出したことに対して「すごいな」としか思いを言語化できていませんでした。しか
し、第７時では、「ぼくとそっくりのきょうだいたちがたべられちゃう。なんとかかんが
えなくちゃ。」と、スイミーが思っていただろうことを想像したＦ児は、スイミーの切実
感を音読で表そうとしました。第８時では、「小さなさかなのきょうだいたち」が繰り返
し練習をしたから、ある日、スイミーが（ちゃんとおよげるようになったね。）と思い、
「ぼくが目になろう」という会話文を言ったのではないか、と考えました。そのため、第
12時ではスイミーと小さいさかなのきょうだいが「がんばってれんしゅうしてやった」と
いう読みを音読で表そうとしたのです。
　教師は、Ｆ児が想像を膨らませながら音読をしようとしてきたことを認め、励ましまし
た。１年生という発達段階を考慮し、Ｆ児の語彙が追いつかない事柄については、コメン
トを通じて補いました。第７時の教師のコメント「じぶんのきょうだいとそっくりの赤い
さかなたちにあえて、スイミーはこころづよくなったんだね！」は、Ｆ児の読みにさらな
る自信を与えることを意図しています。第12時では、想像を膨らませながら音読に生かそ
うとしていたＦ児の努力を称賛し、音読が上達したことを認めました。Ｆ児は、生き生き
と音読大会を行った多くの子供の一人です。

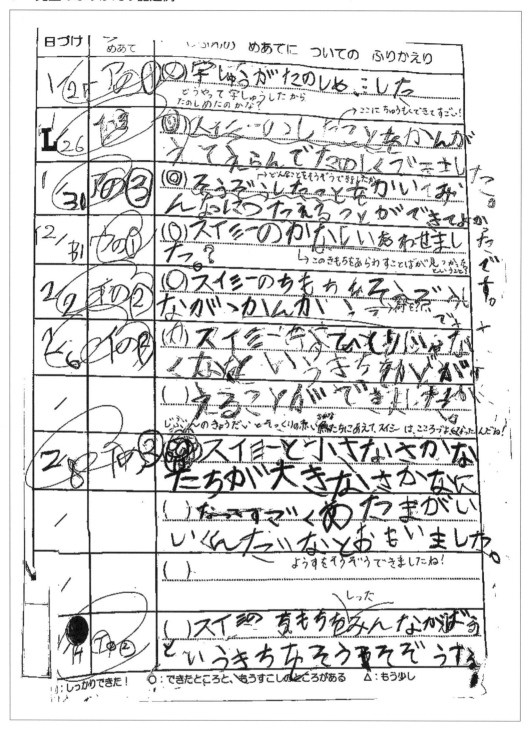

教室掲示を行うことで、授業中に全体の場で発言できなかった児童の気付きを紹介することができます。

❀スイミー❀

日づけ	きょうの めあて	じぶんの めあてに ついての ふりかえり
2/8	イ④	(◎)スイミーの「ぼくがまっくろでよかった。」というきもちがつたわるように、音どくができた。（　）めあてをばっちりたっせいできましたね♪
2/14	イ②	(◎)きょうだいたちがいるからたのしいというスイミーの気もちがわかったので、ぼくもたのしくべんきょうができました。（　）スイミーとおなじ気もちになったんだね♪
/	イ②	(◎)スイミーはけっしてはなればなれにならないことをみんなにおしえたから、ぼくも、みんなにつたわるように（　）音どくしないとだめだとおもった。（　）しっかりよむことでよりよい音どくのしかたに気づいたんだね♪
2/15	イ③	(◎)スイミーが小さな赤いさかなたちと力をあわせているようすをおもいうかべて音どくできました。（　）イの④のめあてがたっせいできましたね♪ようすをおもいうかべて音どくできてすばらしい♪
2/19	イ②	(◎)「そうだ！みんないっしょにおよぐんだ。」といったスイミーは本気なんだなとおもいました。（　）そっかりじゃあ　　さんも本気でよまなくちゃね♪
/	イ②	(◎)きょうだいたちを見つけたときの「うれしい！」というスイミーの気もちをそうぞうしながら音どくできました。（　）すばらしいですね♪はっぴょうかいがたのしみ♪
/	イ②	(◎)スイミーの「大きなさかなをおい出して、しあわせにくらしたい。」という気もちをそうぞうしながら音どくできました。（　）だったね♪　イ②とイ④もたっせいできたね♪
2/20	イ④	(◎)「いそぎんちゃく」のところを、ももいろのかんじが出るように、あかるいこえでよめました。（　）ばめんのようすのイメージがつたわるように音どくできたね♪
2/22	イ④	(◎)スイミーの「たのしい。」という気もちをそうぞうしながら音どくすることができました。（だい五ばめん）（　）みんなにも、その気もちがきっとつたわったね♪
2/22	イ④	(◎)スイミーが本とうにがんばったようすをそうぞうしながらよめました。（だい五ばめん）（　）しっかりそうぞうできたから、りっぱに音どくできたんだね♪

◎：しっかりできた！　　○：できたところと、もうすこしのところがある　　△：もう少し

お手紙チャートで音読・感想名人になろう
「お手紙」（東京書籍 2年上）

1 単元の目標

(1) 知識及び技能
語のまとまりや言葉の響きなどに気を付けて音読すること。

(2) 思考力、判断力、表現力等
場面の様子に着目して、登場人物の行動を具体的に想像すること。

(3) 学びに向かう力、人間性等
場面の主な出来事や、登場人物の行動を基に感想を伝え合ったり、よりよく学ぼうとしたりする態度を養う。

2 評価規準

観点	知識・技能	思考、判断、表現	主体的に学習に取り組む態度
単元の評価規準	・場面ごとの時・場所・人物・主な出来事を表す言葉に気付いている。 ・想像したことや場面の様子が伝わるように音読している。	・場面の主な出来事を想像して読んでいる。 ・想像したことを基に、感想を書いている。 ・書いたり話したりして、感想を友達同士で伝え合っている。	・進んで場面の主な出来事を想像しようとして、話し合おうとしている。 ・進んで文や言葉から想像したことを伝え合おうと知っている。 ・友達や自分の音読のよさを見つけようとしている。

3　単元の学習指導計画（全11時間）

次	時	学習活動	◎支援　◆評価（方法）
一次	1〜4	1　「お手紙」を読んで、それぞれの場面のはたらきを知る。 2　五つの場面に分け、主な出来事を整理する。 3　好きな場面を音読し、おもしろいと思ったこと、不思議に思ったことを「お手紙チャート」に書く。（1回目） 4　「お手紙チャート」（2回目）に向け、学習計画を立てる。	◎挿絵を手がかりに、主な出来事の「いつ・どこで・だれが」を明らかにしている。　　　　　　　　（観察・ワークシート） ◎「おもしろい・不思議だと思ったこと」を条件とする。 ◆「お手紙」を楽しみながら読んでいる。　　　　　　　　　　　　　（観察） ◆叙述を基にして、考えたことを書いている。　　　　　（「お手紙」チャート）
二次	5	読みの課題1 「かえるくんもかなしい気ぶんでこしをおろしていたわけは何だろう。」 1　本時のめあてをもつ。 2　小集団・集団で話し合い、課題解決を行う。 3　学習を振り返る。	◎かえるくんが悲しくなったわけを本文から探し、サイドラインを引かせる。 ◎文全体にサイドラインを引くのではなく、様子を表す言葉に着目してサイドラインを引くよう伝える。 ◆かえるくんの悲しみの様子を表す言葉に着目し、想像している。　　（発言・ノート）
	6	読みの課題2 「かえるくんが大いそぎでいえへかえったわけは何だろう。」 1　本時のめあてをもつ。 2　小集団・集団で話し合い、課題解決を行う。 3　学習を振り返る。	◎様子を表す言葉に着目してサイドラインを引くよう、指導する。 ◆かえるくんの急ぐ様子を表す言葉に着目し、想像している。（発言・ノート）
	7	読みの課題3 「がまくんが手紙をまつのをやめたわけは何か。」 1　本時のめあてをもつ。 2　小集団・集団で話し合い、課題解決を行う。 3　学習を振り返る。	◎三色の付箋を用意し、下記のように使い分けさせる。 青…がまくんの家に行くときのかえるくんの気持ち 黄…寝ているがまくんに対する、かえるくんの気持ち 赤…かえるくんに対する、がまくんの気持ち ◎それぞれ、様子が分かるところに、サイドラインを引くよう、指導する。 ◆がまくんとかえるくんの様子を表す言葉を基に読み取っている。　　（発言・ノート）

	8	読みの課題4 「二人とも、とてもしあわせな気もちです わっていたわけは何か」 1　本時のめあてをもつ。 2　小集団・集団で話し合い、課題解決を 　行う。 3　学習を振り返る。	◎二色の付箋を用意し、下記のように使い 　分けさせる。 赤…「君が」と言ったときの、がまくんの 　気持ち 黄…すわっていたがまくんの気持ち ◎様子が分かることろに、サイドラインを 　引くよう指導する。 ◆がまくんの様子を表す言葉を基に読み取 　っている。 <div align="right">（発言・ノート）</div>
	9	読みの課題5 「かたつむりくんが、四日かけてまで、お 手紙をとどけたわけは何か」 1　本時のめあてをもつ。 2　小集団・集団で話し合い、課題解決を 　行う。 3　学習を振り返る。	◎様子を表す言葉に着目してサイドライン 　を引くよう、指導する。 ◎付箋に書いた考えを小集団で伝え合うよ 　うに指導する。 ◆かたつむりくんが頼まれたとき、届けた 　ときの様子を表す言葉や挿絵の表情に着 　目し、想像している。 <div align="right">（発言・ノート）</div>
三 次	10 11	1　好きな場面を音読し、おもしろいと思 　ったこと、不思議に思ったことを「お手 　紙チャート」に書く。（2回目） 2　1回目と2回目の記述内容の変化を振 　り返る。	◎「おのしろい・不思議だと思ったこと」 　を条件とする。 ◎自分自身の感想文の変容をどうとらえる 　か、1回目との違いを省察させる。 ◆叙述を基にして、考えたことを書いてい 　る。 <div align="right">（お手紙チャート）</div>

4 めあて・ふりかえり表

「お手紙」 ★めあて・ふりかえりひょう★

	ア ことば	イ こうやって 読むよ	ウ やるぞ！ 楽しい！
ここからえらんで、めあてを きめよう。	①ときや、ばしょ、人ぶつ、したこと・あったことを あらわすことばを 見つける。 「お手紙をまつじかん」って、ときを あらわす ことばかな。 ☆どんなとき ☆どんなばしょ ☆どんな人ぶつ	①ばめんの おもなできごとをかんがえながら 読む。 いつ どこで だれが 何をした（どうした）ばめん かな。一文で あらわしてみよう。	①じぶんで かんがえようとする。 このばめんの おもなできごとって、何だろう。
	②ばめんが かわったところを 見つける。 ☆とき ☆ばしょ ☆人ぶつ 「かえるくんは、大いそぎで 家へ 帰りました。」ということは、ここから ばしょがかわるかな。	②おはなしを読んで、おもしろいなとおもったことや、ふしぎだなとおもったことを 書く。 お手紙を まっていたはずなのに、お昼ねをしている がまくんが おもしろい。 ☆人ぶつのようす（したこと・いったこと） ☆がまくんと かえるくんの かんけい	②文やことばから そうぞうしたことを、ともだちにすすんでつたえたり、じっくりきいたりする。 わたしは、〜から…とおもったよ。 ☆かんがえをはなす。 ☆かんがえと、そのわけをはなそうとする。 ☆ともだちの目を 見る。 ☆うなずきながら きく。 ☆かんそうを つたえる。
	③そうぞうしたことや ばめんのようすが つたわるように 音読している。 ☆こえの大きさ ☆はやさ・まのとり方 ☆ひょうじょう ☆目線 「ああ。」というところで、がまくんのしあわせな気もちがつたわるように 音読します。	③ばめんの ようすや、人ぶつのしたことを、くわしくそうぞうしている。 ☆かおのようす ☆話し方 ☆したことのわけ 「ああ。一ども。」って、お手紙がもらえなくて、かなしい気ぶんでいったのかな。	③ともだちの 音読を きいて、よかったところや、もっとこうした方がいい とおもったところを つたえている。 ☆こえの大きさ ☆はやさ・まのとり方 ☆ひょうじょう ☆目線

日づけ	きょうの めあて	じぶんの めあてに ついての ふりかえり
／		（　）
／		（　）
／		（　）
／		（　）
／		（　）
／		（　）
／		（　）
／		（　）
／		（　）
／		（　）
／		（　）

◎：しっかりできた！　○：できたところと、もうすこしのところがある　△：もうすこし

5　パフォーマンス評価（お手紙チャート）[1]

月　日（　）

お話の　かんそう（おもしろいな・ふしぎだな）

音読のふりかえり（◎・○・◁）

（　）リスの 大きさや、とうじょうじんぶつの ようすに 合っているか。

（　）読むはやさ・まのとり方は とうじょう じんぶつの ようすに 合っているか。

（　）かおのひょうじょうは とうじょうじん ぶつの ようすに 合っているか。

（　）ときどき きゃくの人の目を見て音 読ができたか。

くふうしてよかったところのかんそう

月　日（　）

お話の　かんそう（おもしろいな・ふしぎだな）

音読のふりかえり（◎・○・◁）

（　）リスの 大きさや、とうじょうじんぶつの ようすに 合っているか。

（　）読むはやさ・まのとり方は とうじょう じんぶつの ようすに 合っているか。

（　）かおのひょうじょうは とうじょうじん ぶつの ようすに 合っているか。

（　）ときどき きゃくの人の目を見て音 読ができたか。

くふうしてよかったところのかんそう

ふりかえり（できるようになったところや、つぎはがんばりたいこと）

なまえ

1　お手紙チャートの詳細は、拙著『小学校国語のパフォーマンス評価』（明治図書）に詳しいので、参照されたい。

6 実践紹介（抽出児童「D児」のふりかえり、ノート記録等から）

第4時　めあて　ア―③
　お手紙チャート（1回目）に書いた、D児のお話のかんそう
　　　さいしょによんだとき、しりあいのかたつむりくんにあって、かたつむりくんにお手紙をゆうびんうけに入れていってもらうのに、四日もたってがまくんのおうちについて、すごいと思いました。
　D児のふりかえり
　　　今日、お手紙を読みました。こえの大きさとか、まのとり方とかをやって、△はなかったけど、○が二こと◎が二こだから、○のところは◎になるように、いっぱいがんばります。
　教師のコメント
　　　これからしっかりべんきょうして、しっかり音読できるようにがんばろうね！

第5時　めあて　ウ―①
　「かえるくんもかなしい気ぶんでこしをおろしていたわけ」を想像したD児の考え
　　　がまくんは一度もお手紙をもらったことがない、と、がまくんから聞いて、もしかえるくんがはんたいだったら、自分だってかなしくなるから二人ともかなしくなった。
　D児のふりかえり
　　　今日は、がまくんが一どもお手紙をもらったことがなくて、かえるくんがなんでいっしょにかなしいきぶんになるかをかんがえて、しんゆうだからかえるくんもかなしいきぶんになったのがわかって、うれしかったです。
　教師のコメント
　　　かなしくなったわけを、しっかりかんがえられましたね！

第8時　めあて　ア―③
　「二人とも、とてもしあわせな気もちですわっていたわけは何か」を想像したD児の考え
　　　かえるくんは、がまくんがどういう気もちか、しゃべってくれたからお手紙を書いてあげて、それを話したから、二人ともしあわせな気もちになった。
　D児のふりかえり
　　　かえるくんとがまくん、どうしてしあわせなきもちですわっているのかをかけて、うれしかったです。
　教師のコメント
　　　どんなことが書けましたか。

第11時　めあて　ア―③
　お手紙チャート（2回目）に書いた、D児のお話のかんそう

さいしょは、がまくんにだれもお手紙をくれないからかなしいきぶんだったけど、かたつむりくんから手紙をうけとって、うれしいきぶんになったお話だから、上手にかいてあって、すごいとおもいました。

D児のふりかえり

　文がいっぱいかけるようになって、うれしかったです。音読をしたら、「とうじょう人ぶつのこえみたいですごいね。」と、友だちがいってくれたから、今よりもっと上手に読みたいです。2回目のほうが、いっぱい大きなこえで読めて、うれしかったです。

教師のコメント

　たいへんよくできました！　友だちに「とうじょう人ぶつのこえみたいですごいね。」と言われたことばは、うれしかったね！

解　説

　音読が上手になりたいD児は、めあてに「ア－③」を選択することが多く、登場人物の行動を中心に様子を想像し、これを音読で表したい、と思い続けています。教師もまた、そんなD児の学習に向かう姿勢を肯定的にコメントし、音読が上達するために登場人物の行動のわけを想像することを指導しました。第5時「かえるくんもかなしい気ぶんでこしをおろしていたわけ」と第8時「二人とも、とてもしあわせな気もちですわっていたわけは何か」でのD児の読みは、「お話のかんそう」と音読の上達をしていく上で、重要な位置を示していました。教師は場面の様子を想像することに力点を置いた指導を行い、D児が登場人物に同化した音読ができるようになることを意図しました。これが、第11時の「お話のかんそう」で「かなしいきぶんだったけど…うれしいきぶん」と、作品を通じた登場人物の変化をとらえられたことと、音読が上達できた満足感に繋がりました。

7　児童のふりかえり記述例

自分のめあてが音読寄りになるか、「読むこと」寄りになるか、で、児童のふりかえりの方向性は個々で変化します。教師は、児童が適切に学習を進められるよう、「めあてのポイント」に則って指導をします。

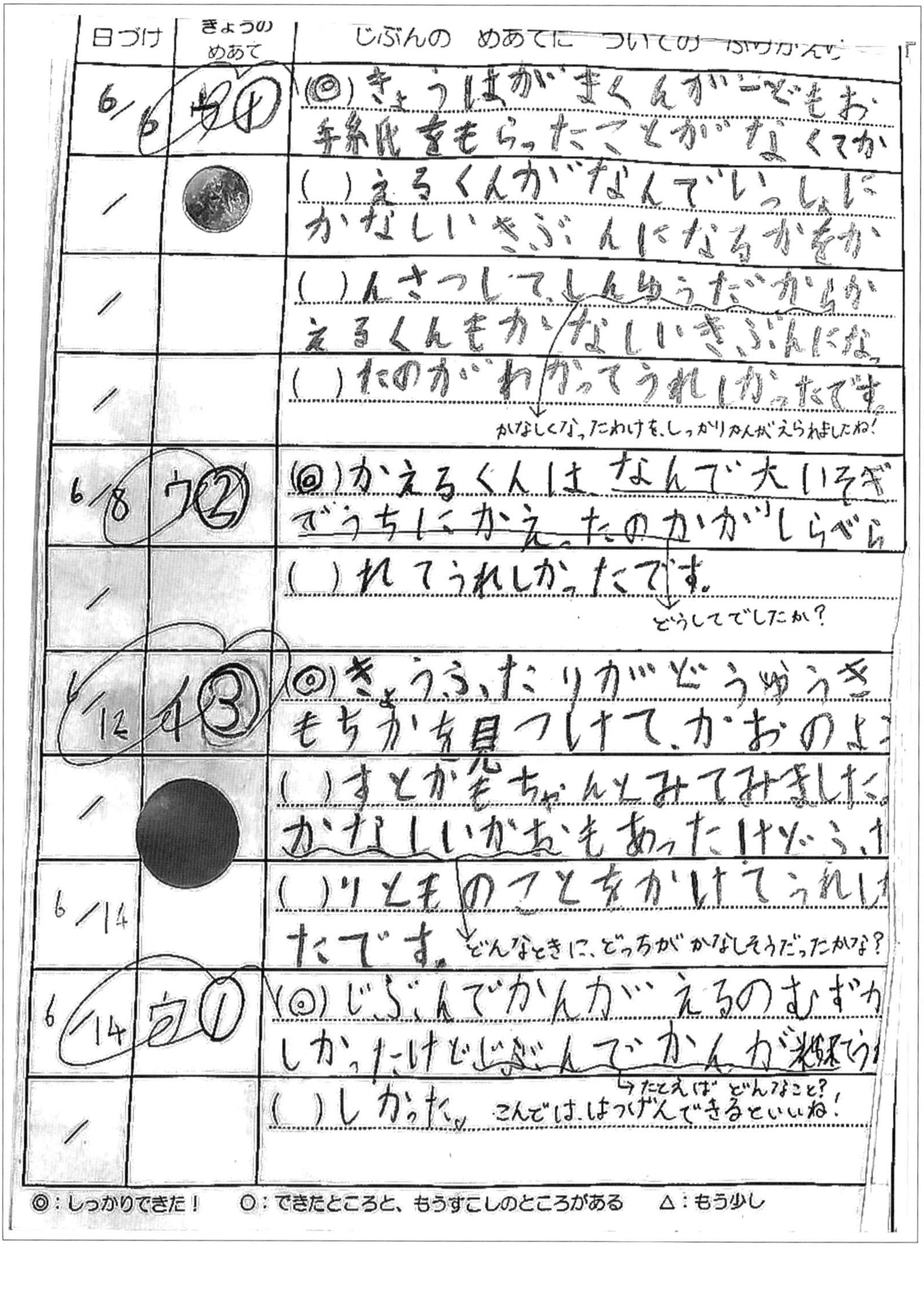
日づけ
きょうのめあて
じぶんの めあてに ついての ふりかえり
6/6 ウ①
(◎)きょうはがまくんが一どもお手紙をもらったことがなくてか
( )えるくんがなんでいっしょにかなしいきぶんになるかをか
( )んさつして、しんゆうだからかえるくんもかなしいきぶんにな
( )ったのがわかってうれしかったです。
かなしくなったわけを、しっかりかんがえられましたね!
6/8 ウ②
(◎)かえるくんはなんで大いそぎでうちにかえったのかがしらべら
( )れてうれしかったです。
どうしてでしたか?
6/12 イ③
(◎)きょうふたりがどうゆうきもちか見つけて、かおのよう
( )すとかをちゃんとみてみました。かなしいかおもあったけど、ふた
( )りとものことをかけてうれしかったです。
どんなときに、どっちがかなしそうだったかな?
6/14 ウ①
(◎)じぶんでかんがえるのむずかしかったけどじぶんでかんがえられてうれ
( )しかった。
たとえばどんなこと?
こんどは、はっぴょうできるといいね!
◎:しっかりできた!　○:できたところと、もうすこしのところがある　△:もう少し

日づけ	きょうの めあて	じぶんの めあてに ついての ふりかえり
6/16	ア③	(◎) がえるくんとがまくんどうしてい い気もちで すわってんのかを (　) かけてうれしかったです。 →どんなことが書けましたか。
6/18	ウ① 絵からわかる ことって、いろいろ あるよね！	(◎) かたつむりくんのかんのひょう じょうがむずかしかったけど、ちゃ (　) んとかたつむりくんの目をかけ てうれしかったです。
6/19	イ③	(◎) きょうきのつのかたつむりくんの ひょうじょうをかいたかった目がしなって (　) たからそれをかいてみんなで みせあったらしく おもわれちった。←どういうことかな？
6/20	ア③	(◎) きょうさいごに そうぞうしながら よ めてうれしかったです。→どんなことを そうぞうしましたか？
/		(　)
/		(　)
/		(　)
/		(　)

◎：しっかりできた！　　○：できたところと、もうすこしのところがある　　△：もう少し

音読げきをしよう

「名前を見てちょうだい」（東京書籍　2年下）

1　単元の目標

(1) 知識及び技能
登場人物の行動や言葉の響きに気付き、語のまとまりに注意して音読

(2) 思考力、判断力、表現力等
場面の様子や登場人物の行動について想像し、文章の内容と自分の体験を結び付けて感想をもつこと。

(3) 学びに向かう力、人間性等
場面の様子に着目したことや、登場人物の行動について想像したことを基に、進んで表現しようとする態度を養う。

2　評価規準

観点	知識・技能	思考、判断、表現	主体的に学習に取り組む態度
単元の評価規準	・時・場所・人物を表す言葉から場面の分かれているところを見付けている。 ・音節と文字の関係、アクセントによる語の意味の違いなどに気付くとともに、姿勢や口形、発声や発音に注意して音読している。	・場面の様子や登場人物の行動など、内容の大体をとらえる。 ・場面の様子に着目して、登場人物の行動の理由を想像している。 ・登場人物の思いを、自らの体験と結び付けて感想を表現している。	・進んで伝え合い、認め合おうとしている。 ・音読を行い、互いの読み方のよさに気付こうとしている。

3　単元の学習指導計画（全13間）

次	時	学習活動	◎支援　◆評価（方法）
○次	課外	・あまんきみこ作品や作者についての図書資料等を置き、「あまんきみこコーナー」を設置する。	◎「あまんきみこコーナー」の一部に、作品の感想等を書いた自主学習の掲示を行い、児童の主体的な読書を促す。 ◆あまんきみこ作品を楽しんで読もうとしている。　　　　　　　　　　（観察・掲示）
一次	1〜4	・『名前を見てちょうだい』を読み、登場人物、場面分け、主な出来事を確かめる。 ・ぼうしチャートに初発の感想を記述し、「『名前を見てちょうだい』音読げき」に向けた学習を行うことを知る。	◎時・場所・人物を本文から探し、サイドラインを引かせる。 ◎文全体にサイドラインを引くのではなく、様子を表す言葉に着目してサイドラインを引くよう伝える。 ◆かえるくんの悲しみの様子を表す言葉に着目し、想像している。　（発言・ノート）
二次	5	・「めあて・ふりかえり表」を用い、めあてを立てる。 読みの課題1 ・「えっちゃんは、どんな思いであそびに出かけたのだろう。」を話し合う。 「めあて・ふりかえり表」を用い、学習を振り返る。	◎サイドラインを引いた部分をヒントにさせ、えっちゃんの思いの想像を促す。 ◆主な出来事や行動を中心に、登場人物の様子を想像している。　（発言・ワークシート）
三次	6	・「めあて・ふりかえり表」を用い、めあてを立てる。 読みの課題2 ・「いきなりぼうしをさらわれたえっちゃんはどんな思いだろう。」を話し合う。 ・「めあて・ふりかえり表」を用い、学習を振り返る。	◎場面の様子が分かる語に印をつけ、文にサイドラインを引かせることで、えっちゃんの思いの想像を促す。 ◆主な出来事や行動を中心に、登場人物の様子を具体的に想像している。 　　　　　　　　　　（発言・ワークシート）
	7	・「めあて・ふりかえり表」を用い、めあてを立てる。 読みの課題3 ・「えっちゃんの思いが分かる文しょうはどこだろう」を話し合う。 ・「めあて・ふりかえり表」を用い、学習を振り返る。	◎「おこっている」「あせり、ふあん」などの語を示し、えっちゃんの思いが表れた文の特定を促す。 ◆叙述と叙述を結び付けて、登場人物の様子を具体的に想像している。 　　　　　　　　　　　　（発言・ノート）

8	・「めあて・ふりかえり表」を用い、めあてを立てる。 読みの課題4 ・「牛と出会ったえっちゃんの思いは、どんなへんかがあっただろう。」を話し合う。 ・「めあて・ふりかえり表」を用い、学習を振り返る。	◎トリオ学習の場を設定し、えっちゃんの悲しい思いや驚きの思いについて共有させる。 ◆叙述と叙述を結び付けて、登場人物の様子を具体的に想像している。 （発言・ノート）
9 10	・「めあて・ふりかえり表」を用い、めあてを立てる。 読みの課題5 ・「大男にたちむかうえっちゃんの思いをそうぞうしよう」	◎これまでのえっちゃんの様子を確認し、会話や行動の理由についての想像を促す。 ◆登場人物の様子を、既習内容と叙述を結び付けて表現している。　（観察・ノート）
11	・「めあて・ふりかえり表」を用い、めあてを立てる。 読みの課題6 ・「もう一度ぼうしを見たときの気もちをそうぞうしよう。」 ・「めあて・ふりかえり表」を用い、本時の学習を振り返る。	◎ぼうしの名前を見たときの叙述を提示し、二度目にぼうしの名前を見たときとの違いについて、想像を促す。 ◆登場人物の様子を、既習内容と叙述を結び付けて表現している。（観察・ノート）
12 13	・「めあて・ふりかえり表」を用い、めあてを立てる。 ・音読劇の練習を行う。 ・音読劇を行い、感想を伝え合う。	◎友達の工夫をノートに書かせて、音読のよさについて伝えやすくさせる。 ◆音読を行い、互いの読み方のよさに気付こうとしている。　（観察・ノート）

4 めあて・ふりかえり表

「名前を見てちょうだい」 ★めあて・ふりかえりひょう★　名前（　　　　　　　　）

	ア　ことば	イ　こうやって　読むよ	ウ　やるぞ！　楽しい！
ここからえらんで、めあてを　きめよう。	①いつ・どこで、人ぶつ、したこと・あったことを　あらわすことばを　見つける。 じかんがたったり、場しょがかわったりしているところはどこだろう。新しい人ぶつが出てくるところもヒントになるかな。 ☆出てきた人ぶつ ☆えっちゃんが人ぶつにあった場しょ ☆場めんのようすがわかることば ②ばめんが　かわったところを　見つける。 ☆いつ ☆どこで ☆人ぶつが あ、きつねが出てきた！… あ、こんどは牛だ！ ③聞き手がイメージできるように人ぶつのようすをそうぞうして、音読する。 〈音読名人のポイント〉 ☆声の大きさ ☆声のはやさ・間（ま） ☆ひょうじょう ☆目線 「大男は、ぶるっとみぶるいをしました。」を「ぶるっと」をてっぺんになるようにうごきのやまをつけられるようにげきをするんだ。	①場めんのようすや、人ぶつのしたこと・あったことに気を付けて読む。 2コママンガで、場めんごとにえっちゃんにおきたできごとをふりかえろう。2コマしかないからどのことばを入れたらいいかなあ。 ②場めんの出きごとや、そのとき人ぶつのしたことから、人ぶつのようすを思いうかべている。 「ああ、よかった。」ってえっちゃんが言ったとき、どうしてほっとしたのだろう。 〈文しょう名人のポイント〉 ○書くりゆうをえらぶとき ☆人ぶつのようすから… （したこと・いったこと） ○わけを書くとき ☆文まつにちゅうい！ （おはなしにある言ばからそうぞうするのも大切。） ☆とうじょう人ぶつと自分の思い出や読んだ本の、にているところ （〜のときとにているからです。） ③おはなしを読んで、おもしろいなとおもったことや、ふしぎだなとおもったことを書く。 ぼうしチャートには、友だちのかんがえをきいて、にているところやかわったところも書いておきたいな。 ☆絵のようすから ☆できごとがわかることばや文から ☆このセリフを言った人ぶつの心の中は？	①じぶんで　かんがえようとする。 いきなり友だちや先生にたよらないで、まずは自分でかんがえよう！ ②文やことばから　そうぞうしたことを、ともだちにすすんでつたえたり、かんがえたりする。 〜さんとにているところがあったよ。 〜さんの考えを聞いたら新しい考えがうかんだよ。 ☆指さしをして話す。 ☆かんがえと、そのわけを話す。 ☆ともだちの目を　見る。 ☆うなずきながら　きく。 ☆聞いた後に一言かんそうのプレゼント！ ☆考えを青で書く。 ③グループの　音読をきいて、よかったところや、もっとこうした方がいい　とおもったところを　つたえている。 ☆音読名人のポイントができていたかな。

日づけ	きょうの めあて	じぶんの　めあてに　ついての　ふりかえり
／		（　　）
／		（　　）
／		（　　）
／		（　　）
／		（　　）
／		（　　）
／		（　　）
／		（　　）
／		（　　）
／		（　　）
／		（　　）

◎：しっかりできた！　　○：できたところと、もうすこしのところがある　　△：もうすこし

5　パフォーマンス評価　「音読げき」と、そのふりかえり

　この学習材は、登場人物の思いが分かる言葉が散りばめられているため、音声化すること（音読すること）を通じて、そのことが少しずつ実感できます。また、場面の様子を想像する中で、登場人物の行動の理由を考えることができ、会話文を読む際、声の強弱や間、速さなどを工夫することに適しています。児童がそれぞれ、登場人物の様子や行動の理由が伝わるように音読できているかを互いに聞き合い、その感想をノートに書いて伝え合いました（図1）。

　この単元の学習を通じて、児童には他の物語や説明文にも、強調するがあることに気付いたり、そのことを表現する際に音読の仕方に工夫をしたりします。

　また、動作を交えて1分間スピーチをするなど、表現をする場で様々な工夫をする様子が見られるようになります。さらに、自己表現が苦手な児童であっても、音読劇を通じて、友達と進んで関わり合いながら取り組むなど、クラスの学習する雰囲気が高まっていくことでしょう。低学年の児童に特徴的な、生き生きと自己表現をする雰囲気が育まれていくことは、国語教室を経営していく上での大切な基盤と呼ぶことができるでしょう。

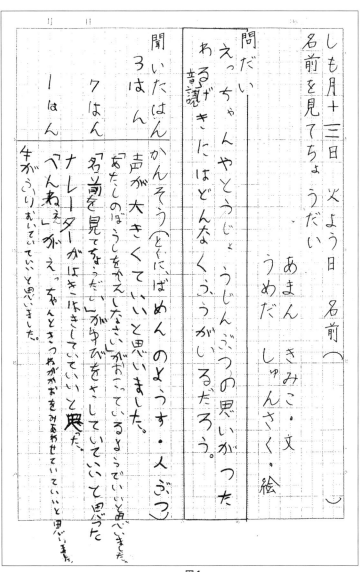

図1

J児の学び

第2時

ばめんごとにおきたできごとを一文であらわそう。を行ったJ児のワークシート（図2）

図2

ふりかえり

　いつ・なに・だれというのをみじかくわけることがたのしかったので、またつぎがたのしみになりました。

教師のコメント

　じゅんじょよく書こうの学習が生かされたのですね！

第5時

「名前をみてちょうだい」を読んで、強く心にのこったことを一文でぼうしに書こう。

ぼうしチャート（図3）に書いたJ児の考え

　えっちゃんが大男に「わたしのぼうしをかえしなさい」という場面が心に残りました。ゆげが出るくらいやる気があることが、すごいと思ったからです。えっちゃんは、そのとき、やる気をもてばなんでもできると思っていたと思います。

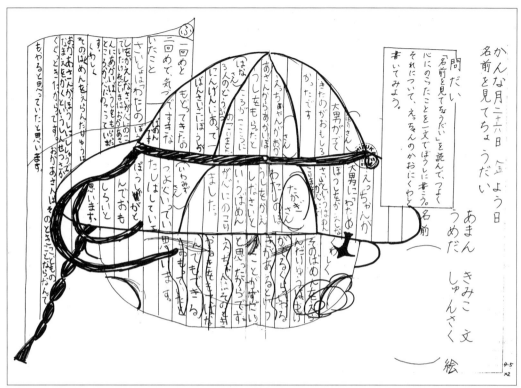

図3

ふりかえり

　○○さんと「わたしのぼうしをかえしなさい」というところが同じでした。みんなくわしくのところでりゆうを入れていました。

教師のコメント

　理由をていねいに書いてすごかったね！

第10時

大男にたちむかうえっちゃんの思いをそうぞうしたＪ児の考え

　ゆう気を出していったとおもう。じぶんのからだよりも大きいから。ほんとうはわたしのぼうし、もっているんでしょ、もうばればれだよ。

ふりかえり

　きょうはあたしかえらないわ。だってあたしのぼうしだもんのところにせんをひけました。たとえば、よしいくぞとかいたら、くわしくかくことがだいじだとおもいました。

教師のコメント

　くわしく書く→くわしく考えること、これからも大切にしようね。

第11時

　もう一度ぼうしをみたときの気持ちをそうぞうしよう。Ｊ児の考え

　　　ほっとしたと思う。おかあさんがししゅう入りでくれたぼうしがもどってきたから。

　さいしょとさいごのちがい

　　　さいしょはほんとにありがとうといって「うめだえつこ」といってたけどさいごは
　　あせりやふあんがぜんぶほっとして「うめだえつこ」といったとおもう。

第12時

　音読劇の練習で、「大せつにしたい言ば」

　　　へんねえ・さらって・なまえをみてちょうだい・すまして・しぶしぶ・こら、ぼう
　　しまてー・ほうら

　ふりかえり

　　　大切にすることばがかけたのでげきをするときはそのことばをくふうしてよみたい
　　とおもいます。

第13時

　ふりかえり

　　　今日は、とうじょうじんぶつの思いをかんがえておんどくできました。

　教師のコメント

　　　がんばりが伝わってきました。…

解　説

　Ｊ児は、場面分けで作品の流れが整理できたことにより、登場人物の行動の理由や、思いが分かる言葉を自分で見つける力が身に付きました。

　また、自分で見つけた言葉を相手に詳しく説明できたり、表現できたりするようになっています。そのことが、友達の意見を取り入れたい思いに繋がり、さらに高めていくことができています。

　加えて、一つ一つの言葉に着目して伝えよう、という思いで音読劇ができるようになったところがＪ児の学びの優れたところです。友達とアドバイスをし合うことで、音読の技能だけでなく、グループ全体の学習の雰囲気をよりよいものに高め、聞き手に伝わるような音読をしようとする態度も身に付きました。

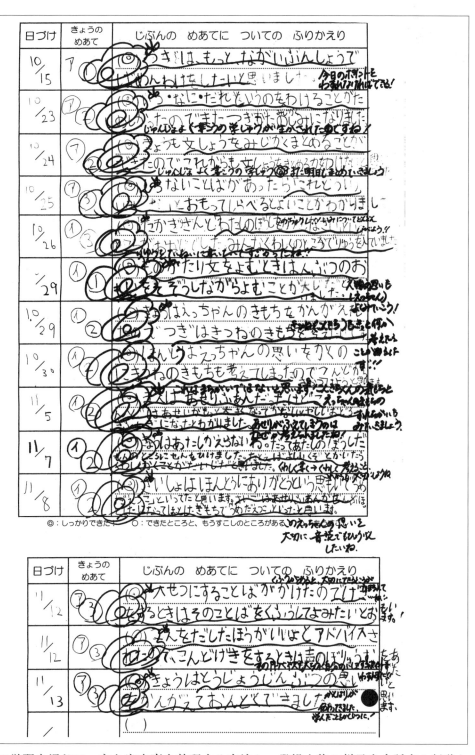

日づけ	きょうの めあて	じぶんの めあてに ついての ふりかえり
10/15	ア	
10/23	ア	
10/24	ア	
10/25	イ	
10/26	イ	
/29	イ	
10/29	イ	
10/30	イ	
11/5	イ	
11/7	イ	
11/8	イ	

◎：しっかりできた！　○：できたところと、もうすこしのところがある

日づけ	きょうの めあて	じぶんの めあてに ついての ふりかえり
11/12	ア ウ	
11/12	ア ウ	
11/13	ア ウ	
/	（　）	

　今回の学習を通じて、主な出来事を整理する方法や、登場人物の様子を会話文や行動から想像することができたＪ児。毎時の学習を振り返る中で、分かったことを言語化し、次時の学習で取り組みたいことを見通すことに繋げています。

一人一分間の音読大会を開こう

「モチモチの木」（教育出版　3年下）

1　単元の目標

(1)　知識及び技能
　文章全体の構成や内容の大体を意識した表現方法で、一分間の音読ができるようにする。

(2)　思考力、判断力、表現力等
　登場人物の行動や気持ちの変化を、場面の移り変わりと結び付けてとらえることができるようにする。

(3)　学びに向かう力、人間性等
　各場面の叙述や、一つ一つの語句を大切にして、思いや考えを伝え合おうとする態度を養う。

2　評価規準

観点	知識・技能	思考、判断、表現	主体的に学習に取り組む態度
単元の評価規準	・豆太の特徴を意識し、言葉の抑揚や強弱、間の取り方などの工夫の一端が音読をする姿に現れている。 ・語句が情景を効果的に表す役割を理解している。 ・場面の様子の違いと会話文の関係を理解している。	・おくびょうな豆太、じさまを救うため勇気を出す豆太など、場面ごとに変化する行動や気持ちを、叙述を基に具体的に想像している。 ・文章を読んで考えたことを友達同士で伝え合い、感じ方の違いに気付いている。 ・各場面ごとの豆太の特徴を意識して、言葉の抑揚や強弱、間の取り方などを工夫して音読している。	・語り手の語り口の豊かさや、特徴的な語句のよさに進んで気付こうとしている。 ・場面ごとに変化する行動や気持ちを進んで想像しようとしている。 ・進んで音読をし、友達と共に高め合おうとしている。

3　単元の学習指導計画（全10時間）

次	時	学習活動	◎支援　◆評価（方法）
一次	1 2 3	・「モチモチの木」を読み、登場人物、場面分け、主な出来事を確かめる。 ・初発の感想を書く。 ・「一人一分間の音読」に取り組み、「音読チャート」を記述する。（1回目） ・「一人一分間の音読」大会に向けた学習計画を知る。	◎「全文用紙」を配布することで、場面分けを押さえやすくする。 ◆「モチモチの木」を楽しみ、「一人一分間の音読」に進んで取り組んでいる。　（観察）
二次	4	・「めあて・ふりかえり表」を用い、めあてを立てる。 ・読みの課題1 「豆太にとって、モチモチの木はどのように見えているのか」を話し合う。 ・「音読にどう生かすか」を考え、学習範囲を音読する。 ・「めあて・ふりかえり表」を用い、学習をふりかえる。	◎言えることを書き表せない児童に、性格を表す言葉を助言する。 ◆昼と夜で変化する豆太の行動や気持ちを想像し、表現している。　（学習シート・音読）
二次	5	・「めあて・ふりかえり表」を用い、めあてを立てる。 ・読みの課題2 「山の神様のお祭りの話を聞いた豆太はどんな気持ちだったか。」話し合う。 ・「音読にどう生かすか。」を考え、音読する。 ・「めあて・ふりかえり表」を用い、学習をふりかえる。	◎困っている児童には取り出し指導を行い、「はじめっからあきらめて」「ぶるぶるだ」「そっと思った」などの叙述をヒントとさせる。 ◆豆太の気持ちを具体的に想像し、表現している。　（学習シート・音読）
三次	6	・「めあて・ふりかえり表」を用い、めあてを立てる。 ・読みの課題3 「医者様を呼びに行き、帰ってきた豆太は、どのようなことを考えていたのだろう。」を話し合う。 ・「どう生かすか。」を考え、音読する ・「めあて・ふりかえり表」を用い、学習をふりかえる。	◎挿絵を提示し、読みの課題を視覚的にイメージしやすくさせる。 ◎「一人ぼっちが怖い」のか、「勇気を出そう」なのか、立場を決めさせる。 ◆豆太の気持ちの移り変わりを想像し、表現している。 　（学習シート・音読）

三次	7	・「めあて・ふりかえり表」を用い、めあてを立てる。 読みの課題4 　「じさまを起こした豆太は、これまでの豆太とどのようにちがうのだろう。」 ・「音読にどう生かすか。」を考えながら、音読する。 ・「めあて・ふりかえり表」を用い、本時の学習をふりかえる。	◎「まだ夜のモチモチの木が怖い」のか、「少し怖くなくなっている」のか、立場を決めさせる。 ◆叙述を基に想像したことを表現している。 （ミニ黒板・学習シート）
	8	・「めあて・ふりかえり表」を用い、めあてを立てる。 ・班で協力し音読練習を行う。 ・「めあて・ふりかえり表」を用い、本時の学習をふりかえる。	◆場面と場面を比べ、豆太の様子の移り変わりを具体的に想像し、表現している。　（音読）
	9	・「めあて・ふりかえり表」を用い、めあてを立てる。 ・「一人一分間の音読大会」を行う。 ・「音読チャート」を用い、本時の学習をふりかえる。	◆場面と場面を比べ、豆太の様子の移り変わりを具体的に想像し、表現している。　（音読）
	10	・第2時と第9時を比べ、「音読チャート」のふりかえり欄を記述する。	◆単元を通じた自分の学び方のよさに気が付いている。 （音読チャート）

4 めあて・ふりかえり表

一人一分間の音読大会を開こう（モチモチの木）　　　　　　　　　　めあて・ふりかえり表

3年　組　名前（　　　　　　　　）

1 めあてのポイント（ア・イ・ウ）と、説明

	ア どんなことができるか	イ どうやって読むのか	ウ どんな思いで学ぶか
説明	①学習する場面の豆太のとくちょうを音読で表せる。 この場面では、おくびょうな読み方ができます！ しかも暗記しています！	①サイドラインを引いて、登場人物の行動、気もちを表す言葉を見つける。 行動は赤、気もちは青で引こう。	①今日の🏁を進んで楽しむ。 よし、やってみよう！
	②言葉の意味を知っていて、その使い方が分かる。 ・せっちんの意味は… ・「しもが足にかみついた」っていうのは…	②登場人物の行動や気もちをくわしく想像して書く。 きっと「夜中に一人じゃこわいよう」って思ったんじゃないかな。	②「モチモチの木」に使われる言葉のよい所を見つけようとする。 この作品、言葉のひびきがよい所はどこだろう。ここかな？
	③場面と場面をくらべた結果、音読の仕方のちがいが分かる。 始め場面は〜で、終わり場面は○○です。	③場面と場面をくらべて、変化したことや様子をそうぞうする。 ○場面では〜だったのに、□場面では…だ！	③グループの友達と作品の言葉や文からそうぞうしたことを進んで話し合おうとする。 考えを友達に話してみたいなぁ。友達はどんなことを考えているか、聞いてみたいなあ。
	④読み取ったことをもとに音読の仕方が分かり、音読の工夫を記号で書きこめる。  大きく（強く）　○— 小さく（弱く）　●— はやく　　　　　→ ゆっくり　　　　〜〜 間をあける　　　〈 長い間をあける　〈	④作品の言葉や文からそうぞうしたことを話し合って、自分と友達の感じたことがちがったり同じだったりすることに気がつく。 自分とちがう。 自分と同じだ。	④グループの友達と音読が上手になるように、進んで学び合う。 みんなで、アドバイスし合って、もっとうまくなろうね！
		⑤行動、気もち、せいかくを表す言葉などをヒントにして、音読の仕方を工夫する。 この場面の豆太は弱々しい声で読んでみようかな。	

2 ポイントごとに今日の学習をふり返ってみよう！

学習した日	今日のめあて（一つだけ）◎・○・△	1 今日のめあては、どのくらいできたか。 2 今日の学習で、よく分かったこと。（あまり、よく分からなかったこと） 3 明日からもっと学習してみたいこと。
11/6	ア―①	1 豆太のとくちょうは分かったけれど、音読がうまくいかなかった。 2 中心人物が、「始め」場面では…だったのに、「山場」で〜をしたから、大きな声で音読をすればいいことが分かった。 3 くわしく想像したことを音読記号に表して練習をしたい。
		（　　）
		（　　）
		（　　）
		（　　）
		（　　）
		（　　）
		（　　）
		（　　）
		（　　）

◎：しっかりできた！　　○：できたところと、もう少しの所がある　　△：もう少し

5　パフォーマンス評価（音読チャート）[1]

一分間の音読をふりかえって　　（◎・○・◁）

本番の後、自分でチェック

（　）つっかからずに、正しく音読ができたか。

（　）音読のはやさは、豆太の気持ちや様子と合っていたか。

（　）音読の間の取り方は、豆太の気持ちや様子と合っていたか。

（　）音読の声の強さや弱さは、豆太の気持ちや様子と合っていたか。

（　）聞いている人の目を見て音読ができたか。

（　）すべて暗記して音読できたか。

本番の後、班の友達に感想をもらおう（ふせん）

一分間の音読をふりかえって　　（◎・○・◁）

本番の後、自分でチェック

（　）つっかからずに、正しく音読ができたか。

（　）音読のはやさは、豆太の気持ちや様子と合っていたか。

（　）音読の間の取り方は、豆太の気持ちや様子と合っていたか。

（　）音読の声の強さや弱さは、豆太の気持ちや様子と合っていたか。

（　）聞いている人の目を見て音読ができたか。

（　）すべて暗記して音読できたか。

本番の後、班の友達に感想をもらおう（ふせん）

ふりかえり（2回書いてみて、自分が成長したところや、今後の課題など）

1　音読チャートの詳細は、拙著『小学校国語のパフォーマンス評価』（明治図書）に詳しいので、参照されたい。

6 実践紹介（抽出児童「Ｂ児」のふりかえり、ノート記録等から）

第3時　めあて　ア―①
　一人一分間の音読（1回目）をした、Ｂ児
　　ふりかえり…一分以内に音読ができなくてざんねん。次、音読をやるときは、一分以内でやりたい。
　　教師のコメント
　　　あわてないで、はんいをせまくしてもいいよ。

第4時　めあて　ア―④
　「豆太にとって、モチモチの木はどう見えているのか。」Ｂ児の班の読み
　　昼…こわくない木　　夜…おどかしてくる木
　　Ｂ児のふりかえり
　　　音読は暗記ができなかったけど、一分以内にできました。
　　教師のコメント
　　　すべてを読むことが大切なのではないよ。早口で読むのではなく、心をこめて読むことを一番に考えてみましょう。

第6時　めあて　イ―⑤
　「医者様を呼びに行き、帰ってきた豆太は、どのようなことを考えていたのだろう。」Ｂ児の班の読み
　　医者様を呼びに行くまで…じさまが死んでしまうのがいやだから、こわかったから半道（？）もある医者様のところまで走った。
　　Ｂ児のふりかえり
　　　②おとうがくまにぶっさかれたのを思い出して、じさまのうなり声がくまのうなり声に聞こえたんだと思います。
　　教師のコメント
　　　なるほど！　きっとそうだよね。よく考えています。その後の「じさまぁ」の読み方を工夫できそうですね。

第8時　めあて　ア―①
　　Ｂ児のふりかえり
　　　音読大会にむけて、ゆっくり心をこめて音読する！　家で音読を練習する。
　　教師のコメント
　　　すばらしい。いよいよ明日は音読大会です。お家での練習、がんばってくださいね！

第10時　めあて　ア―①

一人一分間の音読大会を終えたＢ児のふりかえり

　　１回目は、とっても早くて、すべて暗記ができていなかったけど、２回目は少し暗記をしていて、ゆっくり読めたのがよかったと思いました。友達の音読を見て、上手だったのは、○○さんでした。なぜなら、暗記もできていたし、つっかからずに正しく音読ができていたからです。次にやるときは、○○さんみたいにやりたいです‼

教師のコメント

　　１回目よりも、とても上手になりましたね。豆太の「じさまぁ」の言い方が、とてもこわそうな様子で読めていて、学習したことを生かしていました。

解説

　Ｂ児は、当初、自分で決めた音読の範囲が適切ではなかったため、一分間ではとうてい読み切れない状況でした。第４時までの時点で、早口で音読をすることを考えていました。そこで、ふりかえりに対して教師が「すべてを読むことが大切なのではないよ。早口で読むのではなく、心をこめて読むことを一番に考えてみましょう。」と示唆し、クラス全体にも同様の指導を行い、一分間の音読に対する意識を修正しました。すると、心をこめて音読することを意識し、第６時には、豆太の心情を想像しながら音読することをふりかえりの中に表現するようになりました。教師のコメントには、「なるほど！　きっとそうだよね。よく考えています。その後の『じさまぁ』の読み方を工夫できそうですね。」と書き、登場人物の想像と音読との行き来を促そうと働きかけています。

　第10時には、第９時に行った一人一分間の音読大会を、自分自身の音読をしている様子の動画記録を視聴しながらふりかえりをしました。「音読のはやさは、豆太の気持ちや様子と合っていたか。」「音読の間の取り方は、豆太の気持ちや様子と合っていたか。」「聞いている人の目を見て音読ができたか。」等の自己評価の欄は、１回目は△でしたが、自分自身で◎をつけられるようになり、音読に対して自信を深めることができました。

7 児童のふりかえり記述例

　教室掲示には、場面の様子や登場人物の心情を想像している児童のふりかえりを抽出します。これにより、音読に向かう上で、ただ発声のスキルを高めればいいのではなく、内容を読解した上で音読していくことの大切さを意識付けていきます。本実践では、一人一分間という条件にとらわれてしまい、自分で設定した音読の範囲を素早く読むことを考えてしまう子供が見られたため、これを修正するように指導していきました。

2　ポイントごとに今日の学習をふりかえってみよう！		
学習した日	今日のめあて（一つだけ）	① 今日のめあては、どのくらいできたか。 ② 今日の学習で、よく分かったこと。（あまり、よく分からなかったこと） ③ 明日からもっと学習してみたいこと。
11/6	ア－①	① 豆太のとくちょうは分かったけれど、音読がうまくいかなかった。 ② 中心人物が、「始め」場面では…だったのに、「山場」で～をしたから、大きな声で音読をすればいいことが分かった。 ③ くわしく想像したことを音読記号に表して練習をしたい。
11/6	ウ－①	③明日も豆太のことをしりたいです。①豆太のせいかくが分かった☺課題をどうしようかなこ
11/7	イ－①	①じさまがおこされてもおこらないのがふじぎです。来週へむけて、しっかり学んでいこうね☺
11/8	ア－①	③豆太とじさまの気持ちをそうぞうしてもう少しやりたかったです♪あんきみないでできた。
11/14	ア－④	③記号をもっとあたらしいのを作って、③すばらしい音読にしたい♪がんばってね！くふうがあっていいね！！
11/15	ア－③	①あたらしい記号を作って②すごいおんどくにできました③あしたは、豆太の気持になってやりたいです☺☺
11/15	ア－②	②えっちら、あっちらの意味が分かったので、よかったね、医者様はそうぞうしながらよめるようになりました♪ゆっくり、豆太は急いでいます。
11/17	ア－④	①きんちょうしたけど、楽しくよめた♪うんうん♪「じさま」が心がこもっていて、上手だった☺本当だね☺おやしは、ゆっくり読こしにしたい！
11/20	ア－①	③すべて、あんきできんけれど、かんでしまったので、明日はできるようにがんばりたいです。楽しみにしてますね☺
11/22	イ－⑤	②すべてあんきできてうれしい♪♪楽しかった～です。べんきょうがおわってももの語の人の気持ちを考えてみたいです。

2 ポイントごとに今日の学習をふりかえってみよう！

学習した日	今日のめあて（一つだけ）	① 今日のめあては、どのくらいできたか。 ② 今日の学習で、よく分かったこと。（あまり、よく分からなかったこと） ③ 明日からもっと学習してみたいこと。
11/6	ア−①	① 豆太のとくちょうは分かったけれど、音読がうまくいかなかった。 ② 中心人物が、「始め」場面では…だったのに、「山場」で〜をしたから、大きな声で音読をすればいいことが分かった。 ③ くわしく想像したことを音読記号に表して練習をしたい。
11/6	ウ−① など	② 豆太が「モチモチの木」と名付けたのが分かりました。（　） ③ （主な出来事をまとめるとき）みんなこんがらがって、よく進められなかった。
11/7	イ−② など	① せっていをまとめられてうれしい。（　） ② 豆太がモチモチの木と名付けた理由が分からない。（　）②佐藤さんや〇〇さんもうまかった。（　）
11/8	ア−① など	② 豆太とじさまの気持ちをそうぞうしてもっとやりたかったです！（　） ② 豆太がこわがるのは、クマのつめでやられそうだと思う。（　）「おとう」のことを思い出すのかな？
11/14	ア−④	① 今度こそ1分以内ではやく読めるようになりたい。めあてではないよ。心をこめて、それが大切。 ③ もっと声を大きく出す！（　）一が多いから全体的に大きくね の大切!! 豆太をもっと知る！（　）
11/15	ア−③ イ−⑤ ウ−④	① あとは暗記ができたらいいなと思います。「語り」にレベルアップしろ！（　） ③ 明日音読の強弱をがんばりたい。（　）上手だから、とても楽しみです！
11/16	ア−②④ イ−⑤ ウ−④	② 豆太が勇気を出してじさまを助けたのが分かった。（　）なるほど、勇気か！ ① みんなでアドバイスを〇〇できなかった。自分が読むだけでなく、学び合うのが大切ですね！
11/17	ア−②④ イ−③⑤ ウ−④	② おなかがいたいときは、豆太は一人でトイレに行っていたんじゃないかと思います。（　）するどい！ ③ 「じさまぁ。」と言う場所では小池さんがうまかったから、まねする（　）すばらしい！友達から学ぶ
11/20	ア−① イ−③ ウ−④	① まだかんぺきにはできていないから、かんぜんに暗記したい。（　）だね！おうえんしてる ③ 本番のとき、もっともっと声を大きく出したい。（　）がんばって!!

コスモスチャートで読み深めよう
「一つの花」(教育出版 4年上)

1 単元の目標

(1) 知識及び技能
　登場人物の思いを表す言葉のはたらきに気付き、話や文章の中で使う。

(2) 思考力、判断力、表現力等
　登場人物の行動や思いの変化や場面の移り変わりを自らの経験と結び付けてとらえ、感想をもつこと。

(3) 学びに向かう力、人間性等
　各場面の叙述や、一つ一つの語句を大切にして思いや考えを伝え合ったり、よりよく学ぼうとしたりする態度を養う。

2 評価規準

観点	知識・技能	思考、判断、表現	主体的に学習に取り組む態度
単元の評価規準	・会話文や行動描写、語り手の地の文等に表れる、登場人物の秘められた思いに気付いている。 ・戦争時代に用いられた言葉等の意味を理解して話や文章の中で使い、語彙を広げている。 ・場面と場面の言葉の違いに着目し、対比している。	・行動や会話文、語り手の地の文を基に、どのような思いを抱いていたのかを具体的に想像している。 ・言葉の意味を想起し、登場人物の置かれている境遇を想像している。 ・叙述同士を対比して、登場人物の思いや性格の変化を想像している。 ・登場人物の思いを、自らの経験と結び付けて感想を表現している。 ・友達同士で伝え合い、感じ方の違いに気付いている。	・語り手の語り口の緻密さなどの語句から登場人物の思いに気付こうとしている。 ・言葉の意味から登場人物の境遇を進んで想像しようとしている。 ・進んで想像し、経験と結び付けようとしている。 ・進んで伝え合い、認め合おうとしている。

3 単元の学習指導計画（全10時間）

次	時	学習活動	◎支援　◆評価（方法）
〇次	課外	・今西祐行作品やコスモス、戦争時代の図書資料等を置き、教室に「今西祐行コーナー」を設置する。	◎「今西祐行コーナー」に読んだ本や感想を書き込める「読書掲示板」を設け、日常の読書を促す。 ◆今西祐行作品を楽しんで読もうとしている。 （観察・「読書掲示板」）
一次	1〜3・4	・「一つの花」を読み、登場人物、場面分け、主な出来事を確かめる。 ・コスモスチャートに初発の感想を記述する。（1回目） ・コスモスチャート（2回目）に向けた学習計画を見通す。	◎「全文用紙」を配布することで、場面分けを押さえやすくする。 ◆自らの体験を関係付けながら、「コスモスチャート」に進んで感想を書いている。 （観察・コスモスチャート）
二次	5	・「めあて・ふりかえり表」を用い、めあてを立てる。 ・読みの課題1 「お母さんとお父さんはどんな思いでゆみ子を心配したのだろう。」を話し合う。 ・「めあて・ふりかえり表」を用い、学習を振り返る。	◎サイドラインを引いた部分から言えることを書き表せない児童には、書く場面を音読し直して、ちがいや共通点の例を見つけるように助言する。 ◆お父さんとお母さんの心配と、その理由を想像し、表現している。　（ワークシート）
	6	・「めあて・ふりかえり表」を用い、めあてを立てる。 ・読みの課題2 「駅で汽車を待つお母さんとお父さんの、かくされた思いは何だろう。」を話し合う。 ・「めあて・ふりかえり表」を用い、学習を振り返る。	◎困っている児童には取り出し指導を行い、「ばんざあいって」「戦争になんか」などの叙述をヒントとさせる。 ◆お父さんとお母さんの思いを想像し、対比しながら考えたことを表現している。（ワークシート）

7	・「めあて・ふりかえり表」を用い、めあてを立てる。 ・読みの課題3 「コスモスの花にかくされた、お母さんとお父さんの思いは何だろう。」を話し合う。 ・「めあて・ふりかえり表」を用い、学習を振り返る。	◎叙述を提示し、本時の読みの課題を視覚的にイメージしやすくさせる。 ◎「お父さんはゆみ子を泣き止ませたかったのか。」「コスモスの花を育てているのはなぜなのか。」などへの立場を決定させる。 ◆叙述同士を対比して登場人物の隠された思いを想像し、表現している。 (観察・ノート)	
8	・「めあて・ふりかえり表」を用い、めあてを立てる。 ・読みの課題4 「終わり場面のゆみ子は、初め場面と比べてどのように成長したのだろう。」 ・「めあて・ふりかえり表」を用い、本時の学習を振り返る。	◆登場人物の置かれている境遇を対比しながら想像し、表現することができる。 (観察・ワークシート)	
9	・「めあて・ふりかえり表」を用い、めあてを立てる。 ・コスモスチャート（2回目）を行う。 ・「めあて・ふりかえり表」を用い、本時の学習を振り返る。	◆自らの体験を関係付けながら、「コスモスチャート」に進んで感想を書いている。 (観察・コスモスチャート)	
10	・第2時と第9時のコスモスチャートを比べ、振り返り欄を記述する。	◆単元を通じた自分自身の学び方のよさに気が付いている。 (コスモスチャート)	

4　めあて・ふりかえり表

コスモスチャートで読み深めよう（一つの花）　　　　　　　　　めあて・ふりかえり表

4年　組　名前（　　　　　　　　　　　）

1　めあてのポイント（ア・イ・ウ）と、説明

	ア　言葉の知識・技	イ　見方・考え方	ウ　学習への思い・態度
説明	①行動や会話文、地の文から登場人物のかくされた思いに、気付く。 ☆「『ゆみちゃん、いいわねえ…』」って、本当にいいと思っているのかな。 ☆「分けてくれるのでした。」って、やさしい。	①行動や会話文、地の文から登場人物のかくされた思いをくわしく想像し、書いたり話したりする。 サイドラインは、赤。 行・・会・・地 …はっきり書いていないけど、きっと、○○と思ったんじゃないかな。だってね…	①登場人物のかくされた思いを、行動や会話文、地の文から進んで想像しようとする。 ああ、すごいことに気付いちゃった！　お願い、言わせて！
	②言葉の意味を知っていて、その使い方が分かる。 ☆「配給」の意味は… ☆「防空ずきん」は、空の… ☆「軍歌」を歌う意味は…	②言葉の意味から、登場人物の状況を書いたり話したりする。 登場人物の状況… ☆どのぐらい大変か ☆どのぐらい安心か	②書かれている言葉や文のつながりを読み、そこから想像をする。 ちょっとまって。「ばくだん」…考えてみると、これってものすごいことじゃないか…？
	③ある場面と他の場面の様子のちがいや同じ所を見つける。 ＊このような見方・考え方を、対比（たいひ）と呼びます。 ☆ちがい…『おいもや、豆や、かぼちゃ』と『お肉とお魚と』だって！ ☆同じ所…どちらの場面も○○のことが書いてある。作者が、比べられるように書いているのかな。	③対比して、登場人物の気持ちや性格などの変化を想像する。 AとBは、Cがちがう（同じ）だから、○○に変化したんじゃないかな。	③対比等をして想像したことを進んで伝え合おうとする。 ☆私から言わせて！　あのね… ☆くわしく聞かせて！　何々？
	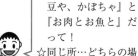	④登場人物の思いを、自分の体験と結び付けながら、感想を書いたり話したりする。 ☆自分の体験と結び付けて書く 自分も、お母さんから～してもらっている。だから、ゆみ子はきっと… ☆理由をくわしく書く なぜなら○○はAではなくBだから。	④昨日の学習をふまえて、今日のめあてをもつ。 昨日は…だったから、今日は～をめあてにして学習しよう！
		⑤自分と友達の感想や考えがちがったり同じだったりすることに気がつく。	

2 ポイントごとに今日の学習をふり返ってみよう！

学習した日	今日のめあて	（　）…今日のめあては◎・○・△のどれか。記号を書く。 ◎：☆がすべてできた！　○：できた所と、もう少しの所がある　△：もう少しだった 視点　一　どうして、その記号（◎・○・△）を選んだのか。 視点　二　今日の学習で、よく分かったこと。（あまり、よく分からなかったこと） 視点　三　明日からもっと学習してみたいことや、明日のめあてと、その理由。
6/11	イ―①	（○）一　かくされた思いを想像したけれど、あまり友達に伝えられなかったから。 　　二　ゆみ子が、「始め」場面では…だったのに、「終わり」場面で〜をしていたから、きっと□□なのだろう、ということが分かった。 　　三　イ―③「AとBはCがちがう（同じ）」の考え方にチャレンジしたい。
		（　）
		（　）
		（　）
		（　）
		（　）
		（　）
		（　）
		（　）
		（　）

◎：しっかりできた！　　○：できたところと、もう少しの所がある　　△：もう少し

5　パフォーマンス評価（コスモスチャート）[1]

1　コスモスチャートの詳細は、拙著『小学校国語のパフォーマンス評価』（明治図書）に詳しいので、参照されたい。

6 実践紹介（抽出児童「A児」のめあて・学習記録・ふりかえり）

第4時　めあて　イ―④

　コスモスチャート（1回目）に書いた、A児の強く心に残ったこと

　　　ぼくは、ゆみ子がお父さんにもらったコスモスの花は、お父さんの気もちがとても
　　いっぱい入ったコスモスの花だと思う。

　　A児のふりかえり

　　　　自分だけの意見じゃなくて、友達の意見と比べられてよかった。

　　教師のコメント

　　　　お父さんの、どのような気持ちが入っているのでしょうか。考えてみましょう。

第7時　めあて　イ―①

　「お父さんの、コスモスの花にかくされた思い」を想像したA児の考え

　　　　お父さんは、ゆみ子の泣き顔を見たくなかったんじゃなくて、ゆみ子の笑っている
　　顔を見たかったんだと思う。

　　A児のふりかえり

　　　　終わり場面で急に10年後にとんでいるから、10年間の生活を知りたい。

　　教師のコメント

　　　　いろんなことがあったでしょう。10年後を書いているのは、きっと意味があるよ。

第8時　めあて　イ―⑤

　「終わり場面のゆみ子は、初め場面と比べてどのように成長したのだろう。」を想像した
　　A児の考え

　　　　ゆみ子は、お父さんのことをわすれていないと思う。わけ…こんなにいっぱいのコ
　　スモスの花は、ぼくは、ゆみ子も育てていると思う。

　　A児のふりかえり

　　　　お父さんの直してほしい「一つだけちょうだい。」が直っていて、よかった。

　　教師のコメント

　　　　直っているね…そして、お手伝いもして。なんという成長でしょう。

第9時　めあて　イ―④

　コスモスチャート（2回目）に書いた、A児の強く心に残ったこと

　　　　ぼくは、お母さんが、ゆみ子をあやしているうちにゆみ子が泣き出してお父さんが
　　コスモスの花をゆみ子にあげたのは、ゆみ子を泣き止ませたかったんじゃなくて、お
　　父さんは、最後にゆみ子の笑顔を見たかったんだと思う。理由は、戦争に行ったらも
　　う会えなくなるかもしれないから、笑顔を見たくてコスモスの花をあげたと思う。ぼ
　　くのひいおじいちゃんも戦争で左足をじゅうでうたれて死んじゃったから、ゆみ子の

気持ちがとても分かる。

教師のコメント

　　ひいおじいちゃん、いたかっただろうね。○○さんがそのことをしっかりと書いて
　くれて、ひいおじいちゃんはうれしいと思う。

解　説

　A児は第4時の時点で、コスモスの花にはお父さんの思いがこめられていただろう、と
いう想像をしています。一方で、お父さんのどのような思いがこめられていたのか、まで
は言語化できていませんでした。しかし、第7時。A児は、お父さんがコスモスを渡す場
面で、どのような思いをかくしていたのかを想像する中で「最後に笑顔がみたいと思って
いたのではないか」、と考えるに至ります。一方で、ゆみ子が10年の歳月の中で、どのよ
うに成長していったのか、についての興味ももち始めています。第8時では、10年経った
今も、ゆみ子がお父さんを忘れてはいないと思う、と考えている一方で、ゆみ子の口癖で
あった「一つだけちょうだい。」が直っている点を指摘しています。第9時に書いた「強
く心に残ったこと」では、戦争に行ったら、もう会えなくなるかもしれないから笑顔がみ
たいと思ったのでは…と、第7時の時点で読んでいた自分自身の読みを更新しているのが
分かります。さらに、自分のおじいちゃんのことを引き合いに、ゆみ子の気持ちに同調し
ながら読んだことを告白しています。

　教師は、A児のふりかえりに対して、「お父さんの、どのような気持ちが入っているの
でしょうか。考えてみましょう。」と、示唆を与え、「いろんなことがあったでしょう。10
年後を書いているのは、きっと意味があるよ。」と、A児にさらなる想像を促しています。
A児が教師のコメントを受けながら、少しずつ、でも着実に「一つの花」という作品に向
き合った学びの姿が記述に表れた例といえるでしょう。A児は、「とても不思議に思って
いたことが書けてよかった。」と、今回の学習を総括しました。

7 児童のふりかえり記述例

　教室掲示には、児童の問題意識がお父さんとお母さんのかくされた思いや、ゆみ子の成長に向くように抽出児童の記述を取り上げます。教師のコメントも毎時間の導入時に紹介し、児童全体に学びの方向性を示唆します。

2　ポイントごとに今日の学習をふりかえってみよう！		
学習した日	今日のめあて	ふりかえり
		（　　）…今日のめあては◎・○・△のどれか。記号を書く。 ◎：☆がすべてできた！　○：できた所と、もう少しの所がある　△：もう少しだった 視点　一　どうして、その記号（◎・○・△）を選んだのか。 視点　二　今日の学習で、よく分かったこと。（あまり、よく分からなかったこと） 視点　三　明日からもっと学習してみたいことや、明日のめあてと、その理由。
6/11	イ－①	（○）一　かくされた思いを想像したけれど、あまり友達に伝えられなかったから。 　　　　　二　ゆみ子が、「始め」場面では…だったのに、「終わり」場面で〜をしていたから、きっと□□なのだろう、ということが分かった。　なぜなのでしょう。想像 　　　　　三　イ－③「AとBはCがちがう（同じ）」の考え方にチャレンジしたい。　してみましょう。
6/4	ア－①	（△）お父さんはなんでゆみ子にコスモスの花をつぎ（ちぎ）ほっとくのに、なんであげるのかがイ意議（不思議）　そうですね
6/5	イ－①	（△）おもなできごとが、あまりわからなかった。　キーワードは「一つだけ」。終わり場面以外、全ての場面にあるのです。
6/6	イ－①	（○）なんでゆみ子のお父さんはプラットホームになんでいったのかが不思議　コスモスの花を採ったのでは？
6/7	イ－④	（○）一つの花は一つだけのゆみ子だと思う　どういうことだろう？もう少し説明がほしいね！
6/8	イ－①	（△）お父さんはしょうらいのゆみ子がどいう子になるのかのお父さんのそうぞうしたことがしりたい　たしかに気になります。終わり場面の子みたいなしょうらいゆめ
6/11	ア－①	（○）お父さんはゆみ子にかんゆのきもちをしていた。今までありがとう、という思いか。それもきっとあるね。
6/12	ア－①	（○）お父さんはほんとにうろしく（うれしく）のきもちをつたえているのかな。他の読みができそうですか？見えてきたら教えてください。
6/13	ア－①	（○）ゆみ子は十才になったう（なった）お彼（ものを）たいたい（大事）に言ってうだけ（だけ）は言われない。一つえうんでいる　成長、と言いますね。
6/14	ウ－①	（○）花びらがぜんぶうまって（うまれて）よかったからこんどはみんなのかんそうをあつめたい。　ふかく、さらにもっと？
	（　　）	

2 ポイントごとに今日の学習をふりかえってみよう！

学習した日	今日のめあて	ふりかえり
		（　）…今日のめあては◎・○・△のどれか。記号を書く。
		◎：☆がすべてできた！ ○：できた所と、もう少しの所がある △：もう少しだった
		視点一　どうして、その記号（◎・○・△）を選んだのか。
		視点二　今日の学習で、よく分かったこと。（あまり、よく分からなかったこと）
		視点三　明日からもっと学習してみたいことや、明日のめあてと、その理由。
6/11	イー①	（○）一　かくされた思いを想像したけれど、あまり友達に伝えられなかったから。
		二　ゆみ子が、「始め」場面では…だったのに、「終わり」場面で〜をしていたから、きっと□□なのだろう、ということが分かった。
		三　イー③「AとBはCがちがう（同じ）」の考え方にチャレンジしたい。
6/4	アー①	（○）二　山場…本当はお父さんは悲しいはずなのになぜにこにこ笑ったのかが気になる（なぜなのかと思う？）
		（△）二　なんでコスモスの花をあげてなにもしゃべらないで汽車に乗ったのかふしぎ（　）
	イー①	（◎）二　一の時「お母さんがなくてかわいそうな子でしたね。」と言ったのが不思議。（この場面気になるよね アー①だよ　想像してみよう）
	アー①	（△）二　終わりのゆみ子とお父さんの関係がよく分からない話題にした方かどそうですね？（　）
	アー①	（×）一　この話の「……」ははかないことで使っている。アー①できていますよ、きっとイー①につながるよ（かくされた思いに気持が なくてくやしい）できるといいですね
6/5	イー①	（△）一　主な出来事があまり分からなかった。（キーワードは「一つだけ」。終わり場面以外に全ての場面にあるのです。）
	ウー①	（○）上　たがいにおしい所があるから、そこを見合ってよかった。（これこそ、学び合う価値ですよ すごい）
6/6	ウー①	（○）二　なぜ、ゆみ子が小さなお母さんになったことを書いたのかふしぎ。（何かが起こった後にくるよね？よく気づいた）
	イー①	（◎）上　なぜ「一つだけちょうだい。」の方が「一つの花」より書いているのに、「一つの花」という題名にしたのか。（この題はお父さんが行ってしまうときに使われますね。どんなわけがあるのでしょう。）
6/7	イー④	（◎）二　うそをつくのはだめなのに、しかも子どもがいるのに。うそをつくのが不思議。（お母さんの本当の気持ちも考えていう）
	〃	○　一　今日はちょっとイー④ができた。（中身です。あとは、自分の家でしてもらうと！）
6/7	〃	（◎）二　ゆみ子の家にコスモスがあるのは、お父さん自身だと思う（すごい！なぜそう思うのか理由も書けるといいね）
6/8	イー①	（◎）二　かくされた思いが、大体分かってきた。見え方が分かってきたか。（次の言う話題もきちんとしている）
	イー①	（△）三　お父さんははしょう来のゆみ子がどういう子になるのか、お父さんが想像したとか知りたい。（たしかに気になります…終わり場面のゆみ子のような しょうらい かな？）
	イー③	（○）一　お父さんはむずかしかったけど、いちおうできてよかった！！（レいワークポイントでね②が同じとつながるよ）
6/11	イー②	（○）三　あともう少しだけ時間があれば…と思ったから、しっかり予習してきたい。（そうそう。時間を味方に！そうこの次の話し合いで見えてくるといいね）
	アー①	（△）二　お父さんとお母さんの思っていることが同じだと分かった。（　）
6/12	アー①	（○）二　お父さんとお母さんの気持ちがよく分かりました。たとえば、大切に育ってね。っていう所かな？（お父さんもお母さんも、ゆみ子を大切に育てていますね）
6/13	アー①	（○）二　ゆみ子は、始め…山場まで、お母さん、お父さんをどう思っているのか。（何なので…のはむずかしいですよ。）
	イー③	（○）三　お母さん、お父さんの本当の気持ちをたどりつけるようんかんがえたい。（お父さんとお父さんの気持ちを想像することですよ。）
6/14		花びらをもっと、ふやしたいです。（　）

感想文チャートで伝え合おう
「わらぐつの中の神様」（光村図書 5年下）

1　単元の目標

(1) 知識及び技能

登場人物の人物像や物語の全体像を表す情景描写や表現の効果に気付くこと。

(2) 思考力、判断力、表現力等

登場人物の相互関係や心情の移り変わりなどを表す情景描写や表現の効果を想像し、書いたり話したりすること。

(3) 学びに向かう力、人間性等

登場人物の相互関係や心情の移り変わりを進んで伝え合ったり、よりよく学ぼうとしたりする態度を養う。

2　評価規準

観点	知識・技能	思考、判断、表現	主体的に学習に取り組む態度
単元の評価規準	・会話文や情景描写、地の文等に表れる、登場人物の心情の移り変わりに気付いている。 ・登場人物の心情が表れた表現の効果を理解し、引用しながら語彙を広げている。 ・場面ごとの表現の違いに気付いている。 ・登場人物の心情や様子を、情景描写や表現と結びつけ、既定の文字数で表現している。	・行動や会話文、語り手の地の文を基に、どのような思いを抱いていたのかを具体的に想像している。 ・叙述同士を対比して、登場人物の思いや行動、考え方について想像している。 ・登場人物の心情や好きな描写を、既習内容と結びつけて感想を表現している。 ・友達同士で伝え合い、感じ方の違いや共通点に気付いている。	・語句から登場人物の心情に気付こうとしている。 ・登場人物の人物像を理解しようとしている。 ・場面ごとの表現の違いを伝え合おうとしている。 ・既習内容のできばえを振り返り、自分のめあてを立てようとしている。

3 単元の学習指導計画

次	時	学習活動	◎支援　◆評価（方法）
一次	1 2	・「わらぐつの中の神様」の範読を聞き、作品の設定（登場人物・物語のつくり・主な出来事）を押さえる。 ・自ら全文を黙読する。	◎挿絵を提示することにより、場面の様子を想像しやすくする。 ◆行動や会話文、地の文から作品の設定を理解している。　　　　　（観察・ノート） ◎「めあて・ふりかえり表」のめあてのポイントを提示することで、つける力を意識させる。
	3	・初発の感想を「感想文チャート」に書き、次時以降の学習を見通す。	◆次時以降のめあてを意識している。 （観察・「めあて・ふりかえり表」）
	4	・「めあて・ふりかえり表」を用い、めあてを立てる。 ・読みの課題1「大工さんの言う『神様』とは、どんなもののことだろう。」を話し合う。 ・「めあて・ふりかえり表」を用い、学習を振り返る。	◎ミニ黒板・付箋を用いて、小集団の対話で明らかになったことを可視化しやすくする。 ◎立ち返る叙述を提示し、想像の意味づけをしやすくする。 ◆行動や会話文、地の文を根拠に、大工さんの言う「神様」の指すものを想像している。　　　　　　　　　　　（観察・ノート）
二次	5	・「めあて・ふりかえり表」を用い、めあてを立てる。 ・読みの課題2「大工さんは、おみつさんのどんな所を好きになったのだろう。」を話し合う。 ・補助発問「おみつさんは、大工さんの気持ちに気付いて、どう思ったのか。」を考える。 ・「めあて・ふりかえり表」を用い、学習を振り返る。	◎ミニ黒板・付箋を用いて、小集団の対話で明らかになったことを可視化しやすくする。 ◎立ち返る叙述を提示し、想像の意味づけをしやすくする。 ◆行動や会話文、地の文を根拠に、大工さんの心情を具体的に想像している。 （観察・ノート）

6	・「めあて・ふりかえり表」を用い、めあてを立てる。 ・読みの課題3「おばあちゃんの伝えたかったことはどんなことだろう」を話し合う。 ・補助発問「おばあちゃんが雪げたを見せたのは、なぜか。」を考える。 ・「めあて・ふりかえり表」を用い、学習を振り返る。	◎ミニ黒板・付箋を用いて、小集団の対話で明らかになったことを可視化しやすくする。 ◎立ち返る叙述を提示し、想像の意味づけをしやすくする。 ◆会話文や情景描写、地の文等に表れる、登場人物の心情の移り変わりに気付き、具体的に想像している。 （発言・ノート）
7	・「めあて・ふりかえり表」を用い、めあてを立てる。 ・読みの課題4「そんなの迷信でしょ。」と言ったマサエが「神様がいるかもしれないね。」と変化したのは、どんな理由があるからだろう。」を話し合う。 ・補助発問「マサエは翌日、わらぐつをはいたのだろうか。」を話し合う。 ・「めあて・ふりかえり表」を用い、学習を振り返る。	◎ミニ黒板・付箋を用いて、小集団の対話で明らかになったことを可視化しやすくする。 ◎立ち返る叙述を提示し、想像の意味づけをしやすくする。 ◆会話文や情景描写、地の文等に表れる、登場人物の心情の移り変わりに気付き、具体的に想像している。 （観察・ノート）
8	・「めあて・ふりかえり表」を用い、めあてを立てる。 ・感想文チャート（2回目）に、作品の感想を書く。 ・書いた内容を読み合い、友達と感想を共有する。 ・読み深めができたか、感想文チャートに振り返りを書く。	◎ノート記録など既習内容を基に、考えたことをまとめるよう促す。 ◆自他の感じ方や考え方を比較して、感想を伝え合っている。 （観察・ノート）

ミニ黒板と付箋を用いた「付箋交流法」の手順
① 個で考えたことを付箋に記述し、グループで対話を行う。
② ミニ黒板に貼られた事柄を整理分類し、自他の考えを整理する。

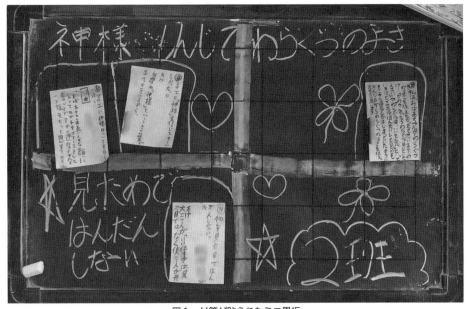

図1　付箋が貼られたミニ黒板

　自分の考えを付箋に書かせておくと、小集団で交流する際に自他の考えを伝え合った後、その種類を分類することができます。

　図1のように、自分の考えを伝え、付箋を黒板に貼った後に見ると、自分たちはどのような考え方をしているのかが分かります。似ている内容でグループ分けをして小見出しをつけさせると、様々な考え方があることを児童は改めて知ることができます。筆者はこの方法を「付箋交流法」と名付け、対話的な学びを児童に促しています。

　また、児童の付箋の横には☆や❀、♡などの記号がある。これは、筆者が「記号分類法」と読んでいる方法です。「記号分類法」は、学習課題に対する児童の反応をあらかじめ予想しておき、反応例ごとに記号を用意しておくところから始まります。

　例：☆…仕事に対する考え方　❀…わらぐつのよさ　♡…神様について

　これを基に、実際に机間指導をする際、児童のノートやワークシートを読み、その場で記号を付けていきます。結果、児童同士で似た考えは同じ記号になり、違った考えは異なった記号が付くこととなるため、考えを交流する際に、互いの考えを分類しやすくなるのです。児童は交流に際して、教師の付けた記号がどのような意味なのかを話し合う中で、記号を言語に置き換えようとします。筆者はその作業を通じて、対話が少しずつ深まっていくことをねらっています。

4　めあて・ふりかえり表

感想文チャートで読み深めよう（わらぐつの中の神様）　　　　　　めあて・ふりかえり表

年　組　名前（　　　　　　　　　　　）

1　めあてのポイント（ア・イ・ウ）と、説明

	ア　言葉の知識・技	イ　見方・考え方	ウ　学習への思い・態度
説明	①物語のつくりや、話の流れが分かる。 ☆どこからが昔で、どこからが今か。 ☆昔のだれが、今のだれか。	①書かれていることから、場面ごとの主な出来事を整理する。 ☆主な出来事は何か。 ☆時・場所・人物はどうなるか。	①話の流れを自分で確かめて、自分や友達と整理しようとする。 ☆友達にたよる前に、もう一度読み直す。 ☆先生にたよる前に、友達と相談する。
	②登場人物同士の関係を表す言葉や気持ちを表す言葉に気付く。 ☆二人はどんな関係か。 ☆気持ちが見えかくれする情景描写は何か。 ☆登場人物の性格を表す表現は何か。 ☆今の中心人物が変化したことが分かる表現は何か。	②書かれている文章から登場人物同士の関係や気持ちを想像する。 ☆昔の中心人物と重要人物はどんな関係か。 ☆情景描写にかくれた、登場人物の気持ちはどのようなものか。 ☆登場人物は物事に対して、どんな考え方をする人か。 ☆今の中心人物が変化したのは、どんな理由が考えらるか。	②言葉の意味から、登場人物の状況をリアルに考えようとする。 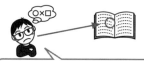 ☆何行目のここに「A」と書いてあることを「B」と想像できる。 ☆そのことは、何行目にある「…」とつながる。
	③文章に出てくる好きな表現や場面を自分の感想文チャートの中に引用する。 ☆オノマトペ（音や様子を表す言葉）を引用する。 ・こっくりこっくり… ・カタカタ… ☆色の移り変わりを引用する。 ☆好きな場面を、話の流れの中から見つける。	③自分の感想を150字以上200字以内でまとめる。 ☆好きな場面を、理由もつけて書く。 ☆好きな人物を、理由もつけて書く。 ☆好きな表現を、理由もつけて書く。	③自分の感想を、友達に伝わるようにまとめようとする。 ☆正しい日本語で、習った漢字を使う。 ☆理由を詳しく説明する。
		④まとめた感想を友達と話し合い、友達の感想のよさを見つける。 ☆こういう見方もできるんだ！と、新発見。 ☆自分と、似ている所。	④昨日の学習を踏まえて、今日のめあてをもつ。 昨日は…だったから、今日は〜をめあてにして学習しよう！

2 今日のめあてに対するふりかえり

学習した日	今日のめあて	ふりかえり
		（　）…今日のめあては◎・○・△のどれか。記号を書く。 ◎：☆がすべてできた！　○：できた所と、もう少しの所がある　△：もう少しだった 視点 一　どうして、その記号（◎・○・△）を選んだのか。 視点 二　今日の学習で、よく分かったこと。（あまり、よく分からなかったこと） 視点 三　明日からもっと学習してみたいことや、明日のめあてと、その理由。
10/11	イ―①	（○）一　話のつくりは分かったが、主な出来事が分からなかったから。 　　　　二　色の表現が、かくされた気持ちをうまく表しているのが…から分かった。 　　　　三　おみつさんがどんな考え方をする人か、情景描写から考えてみたい。
		（　）
		（　）
		（　）
		（　）
		（　）
		（　）
		（　）
		（　）
		（　）

5　パフォーマンス評価　「感想文チャート」

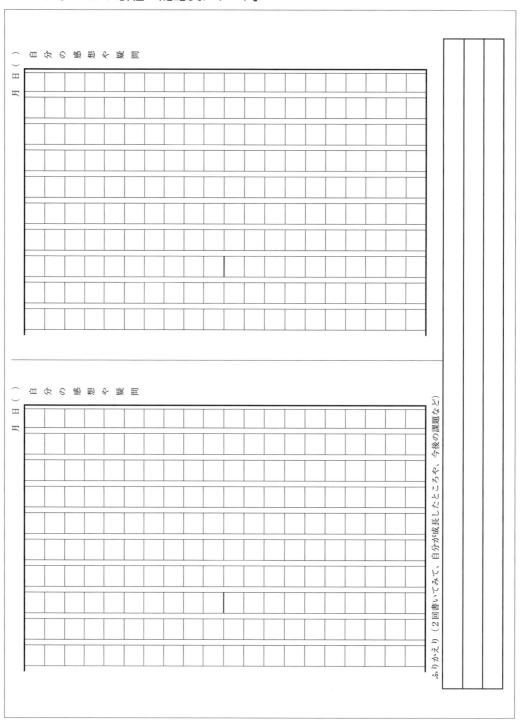

図2　感想文チャート[1]

1　初発の感想と、まとめの感想を対比してふりかえる構造。感想文チャートは拙著「小学校国語のパフォーマンス評価」に
　詳しいので、参照されたい。

6　実践紹介（児童のふりかえり、ノート記録等から）　N児の学び

第4時　N児のめあて　ウ−②

重要課題

　　大工さんの言う「神様」とは、どんなもののことだろう。

N児の考え

　　心をこめて作ったものだと思う。わけ…「使う人の身になって心を込めて作ったものには神様が入っているのと同じこんだ」と書いているので、心をこめて作ったものには神様が入るのと同じ、と想像できる。

ふりかえり（△）

　　やっぱり、「A」と書いてあることを「B」と想像するのはむずかしかった。自分はりょう方だと思う。（おばあちゃんの雪げたには）しょく人さんと大工さんの心が入っていると思う。

教師のコメント

　　やはりね。ここはレベルの高い思考を求められるので。

第6時　N児のめあて　ウ−③

重要課題

　　「おばあちゃんの伝えたかったことはどんなことだろう」

N児の考え

　　はいてる人は少ないけど、わらぐつはいいものだ、と伝えたかったと思う。わけ…「わらぐつはいいもんだ。あったかいしかるいしすべらんし。そうそう、それにわらぐつの中には神様がいなさるで」と書いてあるから、わらぐつはいいものと思っているのが想像できる。

ふりかえり（△）

　　おばあちゃんは最後にマサエが神様を信じるかどうか、ためしたかったと思う。

教師のコメント

　　そう読めたのは、なぜなのでしょうね？　書いてあることから想像したり、つながる部分を見つけられたりすると読みが深まります。

第7時　N児のめあて　ウ−②

核心課題

　　「「そんなの迷信でしょ。」と言ったマサエが「神様がいるかもしれないね。」と変化したのはどんな理由があるからだろう。」

N児の考え

　　おばあちゃんの話を聞いてあこがれて、（おみつさんが）自分のおばあちゃんと知ったから。わけ…「目をくりくりさせて聞きました。」とあるから、あこがれている

のが想像できるし、「…目をかがやかせました。」とあるから、自分のおばあちゃんだとおどろき、そして雪げたを見せたから、神様がいると信じたと想像できるから。（図3）

ふりかえり（◎）

　　☆の1番目ができたと思う。

教師のコメント

　　はい！　よく考えて表現できるようになりましたね！

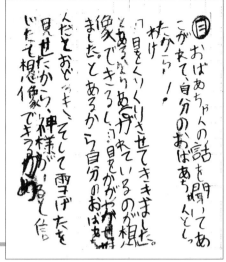

図3　第7時の、N児の付箋

解説

　ウ−②「書かれている言葉や文のつながりを読み、そこから想像をする。」というめあての達成を特に意識し、自分の考えと、その根拠となる叙述を精査し、引用した部分の意味を解釈することに挑み続けたN児。第4時や第6時の時点では、引用した部分を重複するようにしか記述できなかったところが、第7時では見事にマサエの目の輝きに着目し、自分の想像と結びつけて記述できるようになりました。N児の言う「☆の1番目」とは、「☆何行目のここに『A』と書いてあることをBと想像できる。」のことです。

　一般的に、国語教室の中で見られる教師と児童のやり取りに、

児童「自分の考えは○○です。わけは、〜と書いてあるからです。」という発表に対して、「そう書いてあると、なぜ○○と考えられますか。」と教師に問い返されると、児童が沈黙することがあります。私たち教師は、

児童「なぜなら、〜ということは、…と想像できるからです。」

と、言葉をつなげられるような児童を育てたいものです。N児の学びは、見事に思考を深める上での壁を突破した事例、と言えるでしょう。N児は、第8時の「感想文チャート（2回目）」でもウ−②をめあてにして、読みの深まりが随所に見られる文章を書くことができました。

7　児童のふりかえり記述例

　学級掲示板に書かれた様々な児童の振り返りです。重要課題や、核心課題に対する問題意識「マサエがなぜ変わったのか、を話し合いたい。」という記述や、「おばあちゃんは、マサエには、たくさん伝えたいことがあったと思う。」という記述、めあてに対する到達度や、学級全体での話合いの質を問う「昨日の話合いをこえられたかな…？」などが見られます。個の振り返りを全体に紹介し、学級での学びが深まる契機が生まれます。

音読で読みを表現しよう

「大造じいさんとがん」（教育出版　5年上）

1　単元の目標

(1)　知識及び技能
登場人物の人物像や物語の全体像を表す、情景描写や表現の効果に気付くこと。

(2)　思考力、判断力、表現力等
登場人物の心情の移り変わりを表す、情景描写や表現の効果を想像し、書いたり話したりすること。

(3)　学びに向かう力、人間性等
登場人物の相互関係や心情の移り変わりについて想像したことを意欲的に伝え合ったり、よりよく学ぼうとしたりする態度を養う。

2　評価規準

観点	知識及び技能	思考力、判断力、表現力等	主体的に学習に取り組む態度
単元の評価規準	・会話文や情景描写、地の文から、話の構成や展開を理解している。 ・大造じいさんの心情が表れた表現の効果を理解し、引用しながら語彙を広げている。 ・場面ごとの情景描写や表現の違いに気付いている。 ・大造じいさんの心情や様子について考えたことを、「二分間の音読スピーチ」で情景描写や表現と結び付けつつ表現している。	・行動や会話文、地の文を基に、大造じいさんがどのような思いを抱いていたのかを具体的に想像している。 ・叙述同士を対比して、大造じいさんの思いや行動、考え方について想像している。 ・大造じいさんの心情や残雪の行動など、叙述の好きな部分を既習内容や経験と結びつけて感想を表現している。 ・友達同士で考えや感想を伝え合い、互いの考え方の違いや共通点に気付いている。	・作品を何度も読み返し、叙述にある言葉から大造じいさんの心情に気付こうとしている。 ・大造じいさんの人物像を理解しようと、繰り返し音読して探ろうとし、探ったことを音読で表現しようとしている。 ・場面ごとの表現の違いに気付こうとし、意欲的に伝え合おうとしている。 ・既習内容の出来栄えをふりかえり、自分のめあてを立てようとしている。

3 単元の学習指導計画

次	時	学習活動	◎支援　◆評価（方法）
一次	1・2	・学習材を読み、「二分間の音読スピーチ大会」に向けた学習計画を知る。	◎指導者の「二分間の音読スピーチ」を見ることで、単元の学習計画を見通しやすくする。 ◎「めあて・ふりかえり表」を用いることで、単元のめあてを把握しやすくする。 ◆作品を何度も読み返し、叙述にある言葉から主な出来事や大きく変わったことを押さえている。　　　　　（観察・記述）
	3	・「大造じいさんとがん」を読み、作品の設定をまとめる。 　①登場人物 　②主な出来事 　③大きく変わったこと ・指導者の「二分間の音読スピーチ」を見て、学習活動のイメージをもつ。 ・生活班の中で「二分間の音読スピーチ」（一回目）を行い、二回目への見通しをもつ。	◆「二分間の音読スピーチ」の出来栄えをふりかえり、次時以降の自分のめあてを立てようとしている。　　　　（観察・記述）
二次	4	・「めあて・ふりかえり表」を用い、めあてを立てる。 ・補助発問「大造じいさんが残雪に感嘆の声をもらしたのは、どんな理由か。」を確認する。 ・読みの課題1「うなぎつりばり作戦」で感嘆の声をもらした大造じいさんは、どんな人物なのだろう。」 ・予習した付箋を読み返し、加筆修正する。 ・生活班で考えを交流し、それぞれの考えを整理・分類する。	◎「めあて・ふりかえり表」を基に、会話や地の文、情景を表す表現に着目する意識付けをする。 ◎ノートのレイアウトを児童の資料として配布し、優れたノートを掲示することで主体的な学びを促す。 ◎大造じいさんの挿絵と感嘆した内容を図示する。

	・全体交流しつつ、各自がノートに気付きや問いを書く。	◆叙述を基に、大造じいさんの感嘆の理由や人物像を具体的に想像している。
	・指導者と共に1の場面を「たけのこ音読」で読む。	(観察・ノート・ふりかえり記述)
	・「めあて・ふりかえり表」を用い、学習を振り返る。	◎付箋を配布し、次時の予習をすることを促す。
5	・「めあて・ふりかえり表」を用い、めあてを立てる。	◎前時のふりかえりを紹介し、今日のめあての設定を促す。
	・読みの課題2「『かくれうち作戦』がうまくいかず、うなってしまった大造じいさんをどう思うか。」	
	・生活班で考えを交流し、それぞれの考えを整理・分類する。	◎五俵の米袋を提示し、大造じいさんの苦労を可視化する。
	・全体交流しつつ、各自がノートに気付きや問いを書く。	
	・補助発問「かくれうち作戦が失敗したのは、なぜだろう。」を確認する。	◎焦点化する叙述を提示し、立ち返る根拠とさせる。
	・指導者と共に2の場面を「たけのこ音読」で読む。	◆叙述を基に、大造じいさんの苦労を具体的に想像し、感想をもっている。(観察・ノート・ふりかえり記述)
	・「めあて・ふりかえり表」を用い、学習を振り返る。	◎付箋を配布し、次時の予習をすることを促す。
6	・「めあて・ふりかえり表」を用い、めあてを立てる。	◎前時のふりかえりを紹介し、今日のめあての設定を促す。
	・読みの課題3「銃をおろしてしまった大造じいさんをどう思うか。」	◎全文用紙の87行目～112行目の範囲で大事だと思えた文を予め選ばせておく。
	・補助発問「これまでの学習を踏まえて、何度も微音読したり、黙読したりして考えよう。」	◎焦点化する叙述を提示し、立ち返る根拠とさせる。
	・指導者と共に3の場面を「たけのこ音読」で読む。	◆叙述を基に、大造じいさんの心情の移り変わりを具体的に想像し、感想をもっている。(観察・ノート・ふりかえり記述)
	・「めあて・ふりかえり表」を用い、学習	◎付箋を配布し、次時の予習をすることを

		・を振り返る。	◎促す。
	7	・「めあて・ふりかえり表」を用い、めあてを立てる。 ・読みの課題4「晴れ晴れとした顔つきで残雪をにがした大造じいさんをどう思うか。（どんなことを言ってあげたいか。）」 ・補助発問「大造じいさんにとって、どこまでが卑怯で、どこからが堂々とした戦いだったのだろう。」を交流する。 ・指導者と共に4の場面を「たけのこ音読」で読む。 ・「めあて・ふりかえり表」を用い、学習を振り返る。	◎前時のふりかえりを紹介し、今日のめあての設定を促す。 ◎焦点化する叙述を提示し、立ち返る根拠とさせる。 ◆友達同士で考えや感想を伝え合い、互いの考え方の違いや共通点から考えを広げている。 (観察・ノート・ふりかえり記述)
	8	・「めあて・ふりかえり表」を用い、めあてを立てる。 ・「二分間の音読スピーチ」に向けて、音読スピーチチャートを書き、音読練習を行う。 ・生活班でアドバイスし合い、上達を目指す。	◎前時のふりかえりを紹介し、今日のめあての設定を促す。 ◆大造じいさんの心情や様子について考えたことを表現している。 (観察・音読スピーチチャート)
三次	9・10	・「めあて・ふりかえり表」を用い、めあてを立てる。 ・「二分間の音読スピーチ」(二回目)を行う。 ・生活班の友達の音読スピーチに対する感想をメモする。 ・「音読スピーチチャート」を用い、本時の発表を振り返る。	◎一人ずつ、クラス全体に向けたスピーチをする場を設定することで、実の場に臨む意識をもたせる。 ◆「二分間の音読スピーチ」で情景描写や表現と結び付けつつ表現している。 (観察・音読スピーチチャート)

4 めあて・ふりかえり表

「二分間の音読スピーチ」で読みを表現しよう（大造じいさんとがん）　　めあて・ふりかえり表

組　名前（　　　　　　　　　）

1 めあてのポイント（ア・イ・ウ）と、説明

	ア　どんなことができるか	イ　どうやって読むのか	ウ　どんな思いで学ぶか
説明	①作品の特徴や、場面ごとの主な出来事を整理する。 ☆登場人物は誰？ ☆場面の主な出来事、時・場所・人物は何か。	①場面ごとの主な出来事から、登場人物の気持ちを詳しく想像する。 ☆～だと思う。なぜならAと書いてあることをBと想像できるから。 ☆自分だったら…だと思う。	①場面の主な出来事や、登場人物の気持ちを自分で確かめ、友達と整理しようとする。 ☆友達にたよる前に、もう一度読み直す。 ☆先生にたよる前に、友達と相談する。
	②登場人物の気持ちを表す情景描写や比喩表現に気付く。 ☆会話文に表れた気持ち。 ☆行動に表れた気持ち。 ☆他の場面の情景と対比。 ☆地の文に表れた、気持ちを説明する文。 ＊情景描写…登場人物の気持ちや場面の様子が表れた表現のこと。 例泣くほど悲しい→しきりに目をこすった。 ＊比喩表現…気持ちを表すために、他の何かでたとえた表現のこと。 例うれしい→電車のリズムに体をゆらしていた。	②書かれている情景描写や比喩表現から登場人物同士の関係や心情の移り変わりを想像する。 ☆その会話文を言ったのはなぜだろう。 ☆その行動をしたくなったのはどんな気持ちだからだろう。 ☆他の場面との気持ちの違いは何だろう。 ☆山場で変化したのは、どんな理由が考えらえるだろう。 ☆登場人物に言いたいことは…だ。	②書かれている情景描写や比喩表現の意味を考えようと、様々な場面の文や語を読み返す。 ☆何行目のここに「Ａ」と書いてあることはBと想像できそうだ。 ☆そのことは、他の場面の文や語とつなげられるか、探してみよう。
	③文章に出てくる好きな表現や場面を自分の音読スピーチチャートの中に引用・要約する。 ☆情景描写や比喩表現を正確に引用する。 ☆比喩表現同士を対比する。 ☆好きな場面を、話の流れの中から見つけて要約する。	③好きな場面や文への感想を150字以上200字以内でまとめる。 ☆好きな場面を、理由も付けて書く。 ☆好きな表現を、理由も付けて書く。 ☆自分の生活に寄せて、感じたことを書く。	③自分の感想を、友達に伝わるようにまとめようとする。 ☆正しい日本語で、習った漢字を使う。 ☆理由をくわしく説明する。
	④好きな表現や場面への思いを伝えられるように音読する。	④二分間の音読スピーチについて、友達と話し合い、友達の表現のよさを見つける。 ☆新しい見方を発見！ ☆似ている考えを発見！	④昨日の学習をふまえて、今日のめあてをもつ。 昨日は…だったから、今日は～をめあてにして学習しよう！

2 ポイントごとに今日の学習をふり返ってみよう！

学習した日	今日のめあて	ふりかえり
		（　　）…今日のめあては◎・○・△のどれか。記号を書く。 ◎：☆がすべてできた！　○：できた所と、もう少しの所がある　△：もう少しだった 視点 一　どうして、その記号（◎・○・△）を選んだのか。 視点 二　今日の学習で、よく分かったこと。（あまり、よく分からなかったこと） 視点 三　明日からもっと学習してみたいことや、明日のめあてと、その理由。
4/14	イ―①	（○）一　場面の切り替わりは分かったが、主な出来事が分からなかったから。 　　　二　「○○」という表現大造じいさんの悔しい気持ちを表しているのが分かった。 　　　三　大造じいさんの移り変わりを、○場面と△場面を対比して考えてみたい。
		（　　）
		（　　）
		（　　）
		（　　）
		（　　）
		（　　）
		（　　）
		（　　）
		（　　）
		（　　）

5 パフォーマンス評価 「音読スピーチチャート」

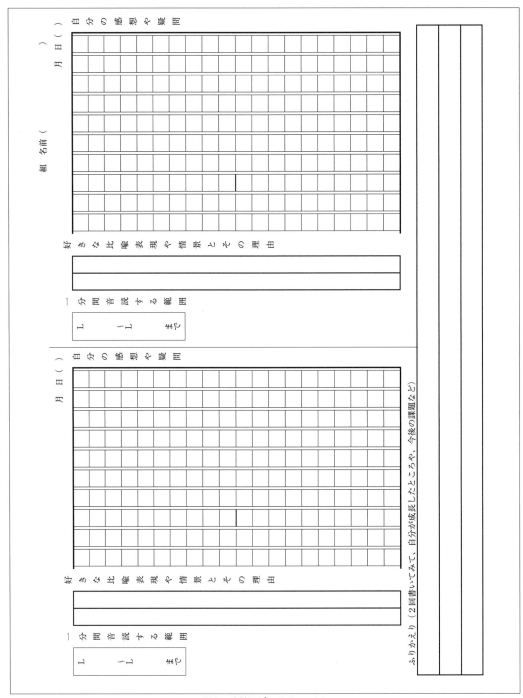

図1　音読スピーチチャート[1]

1　感想と好きな比喩表現、一分間音読したい範囲を初発・まとめと対比して記述し、表現する構造を取る。このチャートを
　基に、児童は感想と好きな比喩表現に一分、音読に一分の、計二分間で自分の読みを表現する。

6 パフォーマンス評価 「音読スピーチチャート」

6月4日のめあて　アー①

ふりかえり

　　登場人物が大体分かった。主な出来事があまり分からなかった。明日は、主な出来事が分かるようにしたい。

教師のコメント

　　（主な出来事があまり分からなかったことに対して）一つ一つ整理してみましょう。

6月5日のめあて　アー①

ふりかえり

　　昨日書いたこと（主な出来事があまり分からなかった）が、できたから。時・場・人物がよく分かった。明日は大造じいさんのことを知ってみたいです。

教師のコメント

　　（大造じいさんのことを知ってみたい、に対して）どんなことが知りたいか、書いてみましょう。

6月6日のめあて　イー③

ふりかえり

　　初めてやったからあまりよく書けなかった。次に書く時は、もっと上手に書けるようにしたいです。

教師のコメント

　　いやいや、言うほど悪くなかったよ。先生は○をあげておきます。

6月10日のめあて　アー②

ふりかえり

　　情景描写や比喩表現に気付けなかったから。

教師のコメント

　　今回は会話文から考えていましたよね。地の文から考えるようにしましょう。

6月11日のめあて　ウー②

ふりかえり

　　ふせんに「うなぎつりばり作戦」の時と比べて書けた。

教師のコメント

　　前の場面とのつながりの中で考えられましたね。

6月12日のめあて　イー③

ふりかえり

　　好きな場面や表現が見つからなかったから。明日は、好きな場面や表現を見付けられるようにしたい。

教師のコメント

　　終わり場面を巡って、色々と考えてみましょう。

6月13日のめあて　イー③

ふりかえり

　　山場と終わりの場面が好きだと感じた。なので、明日は表現を見付けられるようにしたいです。

教師のコメント

　　どんな感想文になるのか、楽しみにしていますよ。

解説

　C児は、めあてに正対したふりかえりを書き、明日の学習で設定したいめあてを書くことで、進め方を見直しながら学習を進め、その過程を評価して新たな学習につなげることがよくできています。特に、6月5日のふりかえりにある「昨日書いたこと（主な出来事があまり分からなかった）が、できたから。」というのは、進め方を見直しながら学習を進めた結果、できるようになったことを発見している点で、学習を調整しようとする態度や粘り強く学習を進めようとする態度を見取ることができます。また、6月12日の「好きな場面や表現が見つからなかったから。明日は、好きな場面や表現を見付けられるようにしたい。」というふりかえりから、6月13日の「山場と終わりの場面が好きだと感じた。なので、明日は表現を見付けられるようにしたいです。」というふりかえりからは、12日まではできていなかったことを13日にはできるようになり、14日へとさらにめあてをもつに至った態度が読み取れます。

7 児童のふりかえり記述例（6月14日〜17日のC児）

2 今日のめあてに対するふりかえり

学習した日	今日のめあて	ふりかえり
		（　）…今日のめあては◎・○・△のどれか。記号を書く。 ◎：☆がすべてできた！　○：☆ができた所と、もう少しの所がある　△：もう少しだった 視点一　どうして、その記号（◎・○・△）を選んだのか。 視点二　今日の学習で、よく分かったこと。（あまり、よく分からなかったこと） 視点三　明日からもっと学習してみたいことや、明日のめあてと、その理由。
4/14	イー①	（○）一　場面の切り替わりは分かったが、主な出来事が分からなかったから。 二　「〇〇」という表現大造じいさんの悔しい気持ちを表しているのが分かった。 三　大造じいさんの移り変わりを、○場面と△場面を対比して考えてみたい。
6/14	イー③	（◎）前の音読スピーチャートのふりかえりの時に「次はもっと上手に書けるようにしたいです」と書いたので、二 200字にはおさまらなかったけど、この前より上手に書けたと思えたのでよかったです。大造じいさんの気持ちを想像できました
6/15	ウー③	（○）一音読する部分は暗唱できたけど、読むスピードのふりかえり、ドがっ速くて聞こえないと思うので読むスピードをもう少し、二しゆっくり読めるようにしたいです。三次は、チャートの部分も暗唱できるようにしたいです。速くなってるときは深呼吸にしてみよう
6/17	イー④	（○）一音読の所は暗唱できたけど、チャートの所は暗唱できなかったので、次は暗唱したいです。チャートを読むのが1番最初できん、二 ちょうしてあまり前をむけなかったので、暗唱すれば前をむけると思うので、暗唱することにも、二 つながると思います。
		（　）
		（　）
		（　）

8 自分の感じたことを、朗読で表現しよう

「やまなし」（光村図書 6年）

1 単元の目標

(1) 知識及び技能
作品の特徴や、作者がこめた思いや願いをとらえ、自分の感じたことが伝わるように朗読することができる。

(2) 思考力、判断力、表現力等
場面についての描写や作品の中で使われている表現を味わいながら、優れた叙述について自分の考えをまとめ、共有することでその考えを広げることができる。

(3) 学びに向かう力、人間性等
作品や作者に関する資料を基に、優れた叙述や表現を文中から集めたり、朗読の仕方を考えたりして、自分の考えをより広げようとする態度を養う。

2 評価規準

観点	知識・技能	思考、判断、表現	主体的に学習に取り組む態度
単元の評価規準	・資料を読み、観点ごとに、宮沢賢治の人物像についてまとめている。 ・表現や、優れた叙述を見つけ、意味を理解している。 ・朗読記号で読み方を工夫している。	・資料も踏まえて、作品の世界や、筆者の思いを自分の言葉で具体的に想像している。 ・描写や言葉に着目し、対比して「五月」と「十二月」を考えている。 ・友達同士で考えたことを交流したり朗読を聞き合ったりすることで、自分の考えをより広げるようとしている。	・資料に書かれた作者の思いに気付こうとしている。 ・「日光の黄金」「鉄砲だま」「トブン」等の比喩の表現上の特色に、進んで気付こうとしている。 ・作者の生き方や考え方を基にして、朗読に生かそうとしている。 ・進んで伝え合い、互いに認め合おうとしている。

3　単元の学習指導計画 (全8時間)

次	時	学習活動	◎支援　◆評価 (方法)
○次	事前	・朝学習の「読書」の日に、「注文の多いレストラン」「めくらぶどうと虹」の読み聞かせを聴く。 ・教師作成の宮沢賢治クイズに挑戦する。 ・教室に宮沢賢治作品コーナーを設置し、手にとって宮沢賢治の世界が覗けるようにする。	◆宮沢賢治作品を楽しんで読もうとしている。　(観察・「宮沢賢治作品コーナー」)
一次	1	1　自分のめあてを決める。 2　朗読という学習課題を知り、「やまなし」を通読し、感じたことを交流する。 3　場面の設定や言葉の意味を確認する。 「幻灯」「かわせみ」「やまなし」「谷川」「川上」「川下」「水面」「海底」 4　「朗読をするために、二枚の幻灯に題名を付ける」学習の流れを考える。 5　ふりかえり	◆二枚の幻灯を基に、「やまなし」の感想や不思議に思った点などを、進んで書いている。　(観察・ワークシート)
	2	1　自分のめあてを決める。 2　「イーハトーブの夢」を通読する。 3　宮沢賢治についての事実とそこから考えられる人柄をワークシートにまとめ、全体で交流する。 4　「宮沢賢治さんは○○な人」の○○を考え、その理由を書く。 5　ふりかえり	◎児童が考えた「○○な人」は一覧表にして配付する。 ◆宮沢賢治の生き方や考え方を知り、自分なりに感じた人柄を基に書いている。　(ワークシート)
二次	3	1　自分のめあてを決める。 2　「五月」と「十二月」の対比をして読みながら、それぞれの幻灯を「イメージ画」として絵や言葉を使って整理する。 3　整理したことを基に「五月」と「十二月」の「自分の題名①」を考える。 4　ふりかえり	◆登場人物がしたことや登場するものに加えて、色彩や形、音を表す言葉に着目して「イメージ画」として整理している。　(ワークシート)

	4	1　自分のめあてを決める。 2　見出しをつけるための手がかりとなる言葉（色彩や形、音）を集め、そこからどのようなイメージがあるか考える。 3　ふりかえり	◆色彩や形、音を表す言葉を対比しながら整理して、それぞれの表現から伝わる様子をまとめている。 （ワークシート）
	5	1　自分のめあてを決める。 2　集めた言葉とそこから受けるイメージについて交流する。（全体） 3　交流して分かったことを基に、「自分の題名②」を理由も添えて考える。 4　ふりかえり	◆二つの場面の様子を詳しく読み深め、それぞれの場面が表していることを考えている。　（ワークシート・話し合い）
	6	1　自分のめあてを決める。 2　二つの場面は、人間世界でいう何のことなのか自分の考えをもち、交流する。 3　作品全体の題名は、なぜ十二月にしか登場しない「やまなし」なのか、資料も踏まえて自分の考えをもち、交流する。 4　ふりかえり	◆「かわせみ」と「やまなし」は人間世界での何かを考えることで、宮沢賢治の思いや願いをとらえている。 （ワークシート・話し合い）
三次	7・8	1　めあてを決める。 2　ペアで朗読したい部分を決める。 3　朗読記号をつけながら、朗読の仕方を考える。 4　考えたことを基に練習する。 5　グループごとに朗読発表会をする。 （タブレットで動画撮影をする） 6　ふりかえり	◆情景や様々な表現と宮沢賢治の思いや願いを重ね合わせ、想像したことが伝わるように朗読の仕方を考え、表現している。 （ワークシート・ペアによる話し合い）

4 めあて・ふりかえり表

自分の感じたことを、朗読で表現しよう（やまなし）　　　　　　　　　めあて・ふりかえり表

6年3組　名前（　　　　　　　　　　）

1 めあてのポイント（ア・イ・ウ）と、説明

	ア　言葉の知識・技	イ　見方・考え方	ウ　学習への思い・態度
説明	①宮沢賢治さんは何をした人で、どのような思いや願いを持っているのかまとめる。 ☆賢治さんに起きた主な出来事は… ☆農業に対する考え方は… ☆作家としての考え方は… ☆賢治さんの他の作品は… ②二枚の幻灯で賢治さんの素敵な言葉や表現を、多く集めている。 ☆色彩を表す言葉は… ☆形や音などを表す言葉は…。 ☆「鉄砲玉のような〜」は、比喩表現だな。 比喩…あるものを別のものに例えたり、暗示させたりする表現のこと。 ③「やまなし」の世界や賢治さんの思いや願いが伝わる朗読の仕方を考えて練習する。 朗読…自分なりに理解したことをふくめて声で表現する。 ☆「五月」の「にわかに天井に白いあわが…いきなり飛び込んできました」のところを、最初は低く静かに読んで、「いきなり」のところからは力強く速く読んでみようっ！	①「やまなし」の特徴や宮沢賢治さんの人柄をくわしく考えている。 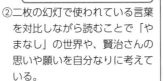☆二枚の幻灯を、言葉に注目して整理してみると…この部分は明るいイメージだけど、この部分は…。 ☆「十二月」に、丸石・水晶・金雲母…賢治さんは石集めが好きだったって、資料に書いてあったからもしかして…。 ②二枚の幻灯で使われている言葉を対比しながら読むことで「やまなし」の世界や、賢治さんの思いや願いを自分なりに考えている。 対比…アップ⇔ルーズ　希望⇔絶望 ☆「五月」と「十二月」の幻灯は、似ているようで違うところがたくさんあるぞ！ ☆賢治さんが「五月」で伝えたいことは…。ならば、「十二月」は…。 ③朗読をすることで、賢治さんの思いや願いを、さらに想像することができる。 ☆「そうか！　○○さんの朗読を聞いていたら、賢治さんの…な思いに気付くことができたよ。」	①資料から宮沢賢治さんの生き方や考え方がわかるところを見つけようとする。 ☆まずは、賢治さんの言葉の部分を探していこう。 ☆賢治は病気になっても…。 ②賢治さんならではの、情景や様子を表す言葉を「やまなし」から多く集めようとする。 ☆どの表現から集めていこうかな。 ☆この部分のかにの兄弟は、…って書いてあるから、おびえているのかな。 ③どのように朗読をすれば、自分が感じた賢治さんの思いが伝わるか考えようとする。 ☆「つうと銀の色の腹をひるがえして〜」の部分は、どんな声のトーンがいいかなぁ。その後に続くかにの兄弟の会話を聞くと□□な感じだよな…。 ④クラスの仲間と、朗読の仕方について考えようとする。 ☆「今から朗読してみるから、…な様子が伝わるか聞いていてね。じゃあ読むよ。」

2 ポイントごとに今日の学習をふり返ってみよう！

学習した日	今日のめあて	ふりかえり
		( ) …今日のめあては◎・○・△のどれか。記号を書く。 ◎：☆がすべてできた！　○：できた所と、もう少しの所がある　△：もう少しだった 視点 一　どうして、その記号（◎・○・△）を選んだのか。 視点 二　今日の学習で、よく分かったこと。（あまり、よく分からなかったこと） 視点 三　明日からもっと学習してみたいことや、明日のめあてと、その理由。
11/1	イ―②	（○）一　かにの兄弟がしたことはわかったけど、賢治さんの思いや願いは、まだよく分らないから。 　　　二　「五月」のイメージは○○だけど、「十二月」のイメージは●●ということから、賢治さんは・・・を表現したかったのではないかということが分かった。 　　　三　イ―②　もう少し対比を具体的にして賢治さんの思いを知りたいから。
		（　）
		（　）
		（　）
		（　）
		（　）
		（　）
		（　）
		（　）
		（　）

5 パフォーマンス評価（朗読発表会と、そのふりかえり）

やまなし　　　　　　名前（　　　　）

◇朗読の観点◇
①どこの場面を読むか。
②どのような賢治の思いや願いを想像したか。
③どのように読むか。

★朗読する場面

★読み方のポイント

★交流をして考えたこと

図1　ワークシート「朗読の観点」

　本実践では、単元の終末に行う朗読大会に向かって学習を進めていきました。

　田近洵一・井上尚美ら(2009)[1]によると、「朗読とは、文章の内容や文体、そこから受ける感動などを、聞き手に音声化する行為を指す。」とあります。また、朗読をすることで「イメージを作り、内容を考え、聞き手を意識して、音声としての表現を工夫していくという」意義があります。

　読み手の児童が「やまなし」を読んで、受けた感動を聞き手に届けるために、どのように音声化するのか、を考えさせました。また、ただ音声化をするだけでは、実際にどのような感動を音声化したのかが記録に残せないため、上記（図1）のワークシートを用意し、読み手として取り組んだ朗読の観点を教科書にサイドラインや記号を書き込み、整理させていきました。

6 実践紹介（児童のふりかえり、ワークシートの記録等から）

第2時　　めあて　ア─①
「宮沢賢治についての事実とそこから考えられる人柄」のK児の考え
　　宮沢賢治さんは人のために一生をささげる、意志の強い人。理由…農作物がかれて、困っている人のために人生をかけて農業を学んだからです。

1　田近洵一・井上尚美編（2009）『国語教育指導用語事典　第四版』教育出版

K児のふりかえり
　　1　農業や作家などの視点から宮沢さんの人柄を理解した。
　　2　宮沢さんの理想から作品ができたと分かった。
　　3　ウ―①（作品から）意志を確認したい。
　教師のコメント
　　　やまなしにどうつながっているか、考えよう。

第3時　めあて　ウ―②
　絵や言葉を使って整理し五月と十二月の題名を考えたK児

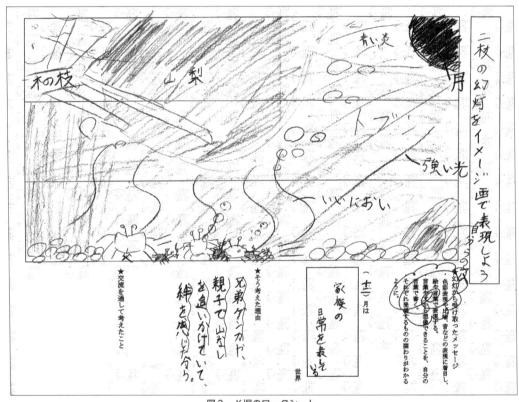

図2　K児のワークシート

　K児のふりかえり
　　宮沢さんは農業をやっていたので、食の大切さなどを伝えようとしたのだと分かっ
　た。
　教師のコメント
　　　なるほど！　そうしたら五月はどう表せますか？　考えてみよう。

第5時　めあて　イ―②
　五月と十二月を対比させて、再度、題名をつけたK児の考え

五月「死の怖さ」　十二月「生きる喜び」

　　　理由…魚がカワセミに食べられるところを間近で見てしまい、死を実感しているの

　　　　　ではないかと思ったから。

　Ｋ児のふりかえり

　　表現を集めたので、そこにどのような思いがあるのかを考えたから。五月は死の怖

　さ、十二月は生きる喜びがえがかれている。

第8時　　めあて　発表（表記ママ）

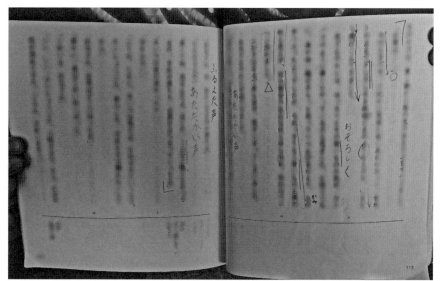

図　Ｋ児が朗読のために書き込んだ教科書

ふりかえり

　　◎みんなの発表をきくことで、人物の人柄や作者のメッセージを自分なりにとらえる

　　　ことができたから。人それぞれの作品に対する考えが分かった。

　教師のコメント

　　立派！　一人一人のとらえ方や感じ方に気付いていましたね。

解　説

　Ｋ児は第2時に資料『イーハトーヴの夢』を読み、宮沢賢治が人のために一生をささげ

る、意志の強い人だ、という作家像を描いています。この立場が『やまなし』を読み取る

上での基本的な見方・考え方となっており、第3時には、『十二月』は「家族の日常を表

している世界」という題名をつけました。第4時のＫ児は、五月と十二月を対比してとら

えるようになり、題名をつけ直す学習をします。これにより、「五月は死の怖さ、十二月

は生きる喜びがえがかれている」というふりかえりをするようになり、「やまなし」とい

う作品に対する読みが確立されていきました。これを朗読に生かして、表現しようとしま

した。教師はそのことを「対比で考えられましたね。どんどん考えが深まっていますね。」とコメントし、これを認めています。

7 児童の「めあて・ふりかえり表」

K児のふりかえり。宮沢賢治のこめた思いに対するふりかえりや、比喩表現に対する気付きが記述されています。

2　今日のめあてに対するふりかえり		
学習した日	今日のめあて	ふりかえり
		（　）…今日のめあては◎・○・△のどれか。記号を書く。 ◎：☆がすべてできた！　○：できた所と、もう少しの所がある　△：もう少しだった 視点一　どうして、その記号（◎・○・△）を選んだのか。 視点二　今日の学習で、よく分かったこと。（あまり、よく分からなかったこと） 視点三　明日からもっと学習してみたいことや、明日のめあてと、その理由。
11/1	イー②	（○）一　かにの兄弟がしたことはわかったけど、賢治さんの思いや願いは、まだよく分らないから。 二　「五月」のイメージは○○だけど、「十二月」のイメージは◇◇ということから、賢治さんは…を表現したかったのではないかということが分かった 三　イー②　もう少し対比を具体的にして賢治さんの思いを知りたいから。
10/25	イー①	（◎）1.この文は理解したが宮沢さんのメッセージが見つからないから。二.比ゆ表現でたくさん想像できるようにした。
10/29	アー①	（◎）1.農業や作家などの視点から宮沢さんの人がら理解した。2.宮沢さんの理想から作品ができたとわかった
10/30	ウー②	（◎）1.宮沢さんは農業をやっていたりで、食の大切さなどを伝えようとしたのだとわかった。2.その場のふんいきを色で表していたのか
11/1	アー②	（○）比喩などの特徴ある表現が多い。五月は暗く十二月は明るいふんいき。
11/1	イー②	（◎）1.表現を集めたのでそこにどのような想いがあるのか考えたいから。2.五月は死のこわさ十二月は生きる喜びがえがかれている。
11/5	イー②	（◎）1.本当のメッセージを自分のオリジナルの考えで表すことができたから。2.
11/6	アー③	（◎）1.かにの気持ちになって読めたから。2.場面それぞれで、声を変える
11/8	発表	（◎）1.みんなの発表をきくことで、人物の人がらやメッセージを自分なりにとらえることができたから。2.

他の児童のふりかえり。五月と十二月を対比する意識が強く、「五月と十二月は（時間帯としては）明・暗だが、本当は暗・明だと分かった。」と記述するなど、宮沢賢治が描いた、命に対する思いをとらえた記述が見られます。朗読の難しさについて、音読との対比をして表現しています。

2　今日のめあてに対するふりかえり		
学習した日	今日のめあて	ふりかえり
		（　　）…今日のめあては◎・○・△のどれか、記号を書く。 ◎：☆がすべてできた！　○：できた所と、もう少しの所がある　△：もう少しだった 視点一　どうして、その記号（◎・○・△）を選んだのか。 視点二　今日の学習で、よく分かったこと。（あまり、よく分からなかったこと） 視点三　明日からもっと学習してみたいことや、明日のめあてと、その理由。
11/1	イ―②	（○）一　かにの兄弟がしたことはわかったけど、賢治さんの思いや願いは、まだよく分らないから。 二　「五月」のイメージは○○だけど、「十二月」のイメージは◇◇ということから、賢治さんは・・・を表現したかったのではないかということが分かった。 三　イ―②　もう少し対比を具体的にして賢治さんの思いを知りたいから。
10/25	イ―①	（○）一　五月と十二月でどのようなことが行ったかゆが立から。*ここを読み進めようね！*　*たとえを現実に*　二　宮沢賢治さんたとえを使って表している。三　考えて理解したい
10/27	ウ―①	（○）一　宮沢賢治さんの生き方は考えることができたから。二　人のことを思っている人。三　どのようなことを考えているか知りたい。
10/30	ウ―②	（○）一　かがやく十二月の幻灯のイメージをかけたから。二　よく感じている人なことにたとえている。三　五月のところも考えている　*次回は五月と十二月の世界を比べてみて、再びこの題名を考えてみますね！*
11/1	ア―②	（○）一　書くことはできたがあまりすいができなかったから。二　比ゆがでてたとえているものがある。三　もう少し対比を見つけたい　*どう気付いてきたんだね？*
11/1	イ―②	（◎）一　対比して題名をつけることができた二　五月と十二月では明、暗だが本当は暗、明だとわかった。三　朗読をできるようにしたい　*着々と考えを深めているね！すごいよね。*
11/5	ア―②	（○）一　やまなしにしたことについて少しくわしく考えなかった二　五月と十二月が違う世界でいる三　もっとくわしく考えたい　*さらに対比を意識して考えつづけてみよう。*
11/6	ア―③	（○）一　選んで強弱などまができた二　くふう　三　想像しながらよみたい　うまくできるようにしたい　*準備や練習が大事ですね。*
11/8	イ―③	（○）一　音読とのちがいを入れた。二　朗読はじっくり読まないとことがむずかしい三　　*物語の本モじの中で朗読していいです。*　*みんなの感じ方のちがいが知れましたね。*　*わすてさん*

第3章
「めあて・ふりかえり表」の長所

ルーブリックとの違いは何か

規準／項目	よくできました（A）	もう少し（B）	もっと頑張ろう！（C）
声量	教室全体に声が届いており、最初から最後まで、内容がよく聞き取れる。	教室全体に声が届いているが、時々、内容が聞き取れないことがある。	発表全体を通して、教室全体に声が届かず、教室の端では内容がよく聞き取れない。
話す速さ	説明するスピードは適切で、聞き取りやすい。	説明するスピードは、おおむね適切だったが、一部、聞き取りにくいところがあった。	説明するスピードは、遅すぎるか、速すぎるかのどちらかであり、全て聞き取りにくい。
構成	わかりやすい順序で内容が構成されている。	内容の構成順序に、若干の改善の余地がある。	内容の構成順序に一貫性がなく、バラバラである。
要点	聞き手が理解しやすく、重要な点も強調されている。	聞き手が理解しにくい部分がところどころある。重要な点もやや不明瞭である。	重要な点がどこなのかわからない。
熱意	やる気、人を動かす熱意も十分表現されている。	やる気がないわけではないが、人を動かすほどの熱意にまでは表現されていない。	やる気が表現されていない。淡々と発表をこなしているように見える。
質疑応答	質問を正確に理解しており、応答が的を射ている。応答は誠意を持ったものになっており、やりとりが建設的である。	質問を正確に理解しているが、応答が的を射ていない。応答は誠意を持ったものになっており、やりとりが建設的である。	質問を正確に理解していないために、応答が的を射ていない。応答が攻撃的であり、質問者や聞き手に不愉快な思いをさせている。

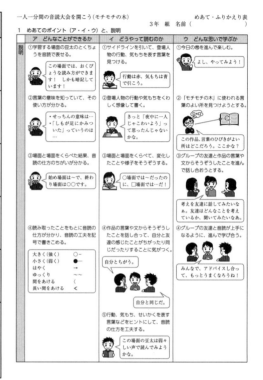

図1 「ルーブリック（左）」と「めあて・ふりかえり表」（右)」

　「めあて・ふりかえり表」と似ているツールに、ルーブリックがあります。ルーブリックとは、観点ごとに示された学習評価の指標です。A・B・Cの三段階に分かれた評価指標を観点ごとに評価するため、何が・どのように・どの程度到達しているのかが客観的に分かりやすいという特徴があります。

　何を隠そう、「めあて・ふりかえり表」は、ルーブリックをヒントにしながら筆者が考案したものです。では、二つのツールの違いは、一体何でしょう。

　ルーブリックがA・B・Cの三段階に分かれて評価指標が示されているのに対して、「めあて・ふりかえり表」は一つの規準しか示されていません。学習指導案に載せることが多い、評価規準に近い形式なのです。

　また、ルーブリックは観点ごとに、事細かに指標を記述しているのに対して、「めあて・ふりかえり表」は、単元の学習計画に沿うかたちで記載されています。めあてのポイントの上から下を眺めると、単元の中でどのような学習を進めていくのかが、分かるように構成していくのです。

一人一分間の音読大会を開こう（モチモチの木）　　3年　組　名前（　　　　　）

1　めあてのポイント（ア・イ・ウ）と、説明

ア　どんなことができるか	イ　どうやって読むのか	ウ　どんな思いで学ぶか
①学習する場面の豆太のとくちょうを音読で表せる。 「この場面では、おくびょうな読み方ができます！しかも暗記しています！」	①サイドラインを引いて、登場人物の行動、気もちを表す言葉を見つける。 「行動は赤、気もちは青で引こう。」	①今日の学を進んで楽しむ。 「よし、やってみよう！」
②言葉の意味を知っていて、その使い方が分かる。 「・せっちんの意味は…・「しもが足にかみついた」っていうのは…」	②登場人物の行動や気もちをくわしく想像して書く。 「きっと「夜中に一人じゃこわいよう」って思ったんじゃないかな。」	②「モチモチの木」に使われる言葉のよい所を見つけようとする。 「この作品、言葉のひびきがよい所はどこだろう。ここかな？」
③場面と場面をくらべた結果、音読の仕方のちがいが分かる。 「始め場面は～で、終わり場面は○○です。」	③場面と場面をくらべて、変化したことや様子をそうぞうする。 「○場面では～だったのに、□場面では…だ！」	③グループの友達と作品の言葉や文からそうぞうしたことを進んで話し合おうとする。 「考えを友達に話してみたいなぁ。友達はどんなことを考えているか、聞いてみたいなぁ。」
④読み取ったことをもとに音読の仕方が分かり、音読の工夫を記号で書きこめる。 大きく（強く） 小さく（弱く）　● はやく　→ ゆっくり　～～ 間をあける　＜ 長い間をあける　＜	④作品の言葉や文からそうぞうしたことを話し合って、自分と友達の感じたことがちがったり同じだったりすることに気がつく。 「自分とちがう。」「自分と同じだ。」	④グループの友達と音読が上手になるように、進んで学び合う。 「みんなで、アドバイスし合って、もっとうまくなろうね！」
	⑤行動、気もち、せいかくを表す言葉などをヒントにして、音読の仕方を工夫する。 「この場面の豆太は弱々しい声で読んでみようかな。」	

2　ポイントごとに今日の学習をふりかえってみよう！

学習した日	今日のめあて（一つだけ）	①今日のめあては、どのくらいできたか。　②今日の学習で、よく分かったこと。（あまり、よく分からなかったこと）　③明日からもっと学習してみたいこと。
11/6	ア―①	①豆太のとくちょうは分かったけれど、音読がうまくいかなかった。 ②中心人物が、「始め」場面では…だったのに、「山場」で…をしたから、大きな声で音読をすればいいことが分かった。 ③くわしく想像したことを音読記号に表して練習をしたい。

図2　「めあて・ふりかえり表」

　ルーブリックを使用するメリットとしては、教師が評定をつけやすい点があげられることでしょう。「あの子はA、あの子はB、あの子はC」というように…。これは、児童にしても同じことで、「ぼくはA」「わたしはB」などと自己評価をすることで、「次はAになりたい。」とか「またAを取ろう。」などと思いながら、学習を振り返ることができることでしょう。

　しかし、学級には様々な児童がいます。「ぼくはCだ。」と思いながら日々の学びを終えていく子もいます。どれほど、教師が励ましても、CはCです。なぜなら、評価指標がこれを厳然と物語っているからです。はたして、これでよいのでしょうか。筆者がルーブリックを目の当たりにした際に抱いた疑問が、「すべての学習者には還らないのではないか。学習に対する自己肯定感が低い子供には、より過酷な自己評価を強いるのではないだろうか。」といったものでした。

　ルーブリックの要素である、観点ごとの段階評価をしようと、試行錯誤をしてみた時期に、次ページのようなツールを開発したことがありました。（図3）、（図4）毎時間の学習の終わりに、ふりかえりを行う習慣はつきましたが、◎・○・△の三段階評価と記述欄を目の当たりにすると、三段階評価からは必ずしも学びの実際の姿を示す情報ではない、ということに気が付きました。一方、子供の記述内容からは、学習を通じて分かったことや分からなかったこと、次の時間の学習に向けて期待していることなど、様々なことが書かれていることに改めて気が付いたものでした。

「浜田広介記念館」に、自分の思いをとどけよう学習ふりかえり表

	国語の学習が楽しい・すき	読み方	言葉の使い方	よい学習にするためのヒント
せつめい	・浜田ひろすけのお話を楽しんでいる。 ・自分で考えようとしている。 ・友だちと考えを伝え合っている。	・場面や、とうじょう人物のようすをくらべて、ちがいやにているところを見つけたり、そうぞうしたりできる。 ・相手に伝わるように、自分のかんそうをかいている。	・浜田ひろすけのお話の言葉のひびきのよさに気づく。 ・自分が使う言葉が相手に分かりやすいか、をたしかめている。	自分がこまったり、友だちがこまっていたら、ここに書いてあることをためしてみよう。
◎	・浜田広介のお話を（　）楽しく読んでいる。 ・（　）考えようとしている。 ・（　）話したり聞いたりしょうとしている。	・（　）くらべて、ようすを（　）そうぞうしている。 ・相手に伝わるように（　）工夫して絵や文をかいている。	・言葉のひびきのよさに（　）気づく。 ・自分がノートに書いた文を（　）読んでたしかめている。	1　今日の問だいを、声に出して2〜3回、音読してみる。 2　お話の中の、気になる文しょうを声に出して読む。 3　さし絵を見る。 4　場面と場面のさし絵をくらべる。 5　かんたんな絵をかいたり、→をつけたり、ふきだしをつけたりして考える。
○	・浜田ひろすけのお話を楽しく読んでいる。 ・考えようとしている。 ・話したり聞いたりしょうとしている。	・くらべて、ようすをそうぞうしている。 ・相手に伝わるように、絵や文をかいている。	・言葉のひびきのよさに気づく。 ・自分がノートに書いた文を読んでたしかめている。	
△	・浜田ひろすけのお話を楽しく読んで（　）。 ・考えようとして（　）。 ・話したり聞いたりしょうとして（　）。	・くらべて、ようすをそうぞうして（　）。 ・相手に伝わるように、絵や文を（かいていない）。	・言葉のひびきのよさに（　）。 ・自分がノートに書いた文を読んでたしかめて（　）。	6　友だちのノートを見て、すこしインタビューをする。 7　さいごのしゅだん。先生の読みを聞く。

月／日	／	／	／	／	／	／	／	／	／	／	／
◎〜△											

図3

意見をまとめて書こう　〜「便利」ということ〜　　学習ふりかえり表

4年　組　名前（　　　　　　　）

1　ふりかえりのポイントと、説明

	国語の学習が楽しい・好き	読み方	言葉
説明	①今日の⑭を楽しんでいる。 ②自分で考えようとしている。 ③グループの友達と学び合いが楽しめる。	① 課題としたはんいを中心に、大事な言葉や文を使って要約し、自分の経験と照らし合わせて考える。 ② 自分と友達の意見のちがいを見つけながら読む・書く・話す。 ＊要約…目的や必要に応じて、文章を短くまとめること。	① 大事な言葉や文を見つける。 ② 新たに言葉の意味を知る。 ③ 言葉の意味を友達にも説明できる。
◎	①〜③のすべてかんぺき！		
○	①〜③の２つはできた。		
△	①〜③の０〜１つできた。		

2　ポイントごとに今日の学習をふりかえってみよう！

学習した日	国語の学習が楽しい・好き	読み方	言葉の使い方	今日の学習について一言と、次回へ向けて一言
1月24日	◎	○	○	大事な言葉は見つけられた。大事な文も見つけたい。私が便利なものは水道だと思う

図4

ルーブリックをベースにした実践と、児童の反応を見取りながら内省を重ねた末に至った結論は、「評価指標は一つで十分だ」というものでした。また、児童のふりかえりは、記号で表されたものよりも、ざっくばらんに記述したものの方が、意味のある情報が多い、といったことを確信しました。低学年では、最初は記号の方が取り組みやすいかもしれませんが、記述することに慣れると、3分程度時間を与えれば、中高学年と同様に、学んだことに対する振り返りをすることは十分可能だ、と分かりました。

　さらに、ルーブリックの文字情報としての多さも気になりました。中高生ならまだしも、小学生の児童がルーブリックを提示されたとき、これを即座に理解して、自分なりにめあてを抱いてその日の授業を学ぶことができるのでしょうか。この点について、藤原（2017）[1]は、「文字情報だけで示された段階的な評価指標は、平易な言葉であったとしても、小学生にとって分かりやすいものとは言い難い。むしろ、イラストや吹き出しで学習の質を可視化した、小学生向けのルーブリックが必要ではないだろうか。」と指摘しています。

　また、「めあて・ふりかえり表」は、その日の学びを省察し、次時の学びへの見通しをもつのに適しているといえます。

　例えば、教師が児童の「めあて・ふりかえり表」へ赤ペンで書き込み、フィードバックを個に返すだけでなく、授業の導入時に一斉指導することで、個に返したフィードバックを児童全体にもたらすことも可能となるためです。

　こうして、筆者はルーブリックの意図を踏まえたツールとして「めあて・ふりかえり表」を開発し、以下の方法を行うようになりました。

　個々が選んだめあてに対して、学習に取り組む。教師は、個々のめあてに対して指導・助言を行う。学習の終わりには、個々がふりかえりを書く。個々が書いたふりかえりに対して、教師がコメントを行う。そして、翌日の授業の冒頭で、抽出した児童のふりかえりを紹介していく…。

　このサイクルが、子供の学びを主体的で、意欲的なものに変えていくことができると考えています。ルーブリックよりも、「めあて・ふりかえり表」の方が、子供たちは評価に委縮することなく、むしろ学習を主体的で、意欲的なものに変容させていくだろう。これが、学習評価に対して、筆者が現時点で考察していることです。

1　藤原隆博（2017）「『めあて・ふりかえり表』を利用した学習評価についての一考察」第133回全国大学国語教育学会 福山大会発表要旨集

2 手痛い失敗談！　ルーブリックがもたらす危険性

　ここまで、ルーブリックと「めあて・ふりかえり表」のちがいについて説明してきました。「評価をする」という行為には、学習という、精一杯の営みに対して「ラベルを貼る」ということでもあります。他者が評価をすると、自分の精一杯を否定されたような気になることもあります。評価する側とされる側の思いが、すれ違う危険性もあるのです。

　小学2年生「たんけんしたことをつたえよう」（教育出版）で「がっこうたんけん」の報告文を書いた児童。清書を持ち寄り、互いの作品の読み合いを行う、まとめの時間です。校長先生をゲストにお招きして実施することをゴールに設定していました。本時は、そのゴールです。

　私は、本時1時間のルーブリックを板書し、友達の作品を読んだ付箋の左上に、記号◎、○、△をつけることを指示しました。これにより、「ここの部分、おもしろいよね。◎」「わあ、うれしいな。」などといった、記号と文字で友達同士認め合う、温かな学習空間が生まれるだろう、と想定していたのです。

　ところが…残念ながら、想定を超えた事態が起こりました。

　子供たちが泣き出してしまったのです。ある所では泣き出す子、ある所では悲しい顔をする子。一体、何が起きたというのでしょう。

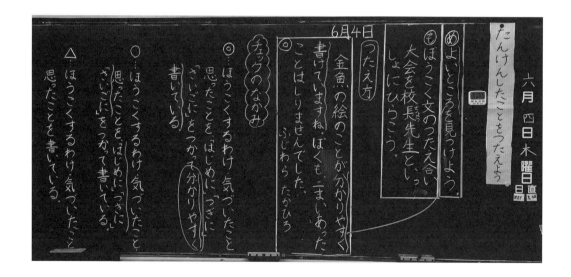

「先生、わたしのほうこく文に、こういうのが貼られていました…。」

付箋紙に「おもしろくなかった」と書かれた感想。名前は書いてありません。それだけではありません。

「先生、わたしのほうこく文にも、こんなのがありました。」

付箋紙に「ふ〜ん。それが？ △」

私が青ざめたのは、言うまでもありません。どうして、こんなことが起こってしまったのだろう…。子供たちの中に何が起きていたのか。その日は、作文の交流を中断しました。目指していたものとはまるで違う現実。何かが、間違っているのだと思わされました。

その翌朝、教室に入ると、女の子が泣いていました。男の子が、きまりの悪そうな顔をして、私を見ています。話を聞くと、付箋紙に書かれた内容が気に入らなかったから、けんかになってしまった、というものでした。

女の子が書いた付箋紙には

「もう少していねいな字で書いた方がいいよ。△」

と書かれています。

ああ、そうか…。私の何が間違っていたのかが見えました。

子供たちの精一杯の報告文の清書。これ以上は直しようがない、と思って書いた作品です。「△」なんて、どうあっても、もらいたくないのです。

確かに、「△」をもらった児童の作品は、丁寧な字とは言い難いものです。しかし、これは清書。本人なりに精一杯書いた末の文字なのです。

この一件以来、私は子供に相互評価をさせる際、◎○△をつけさせるのをやめました。友達同士の関係にひびが入ったり、誰か一人でも悲しい思いをしたりする可能性があるからです。挽回の余地のない場での評定は、時に悲劇を生むのだと分かったのです。

では、どのような場面で相互評価を行えば悲しむ子が現れないでしょうか。

答えは明白です。清書を行う、もっと前の段階。取材・構成・下書きの段階で行えばいいのです。

取材を行った材料としては、メモや資料が児童の手元に集まってくることでしょう。書きたい事柄に対して、十分なメモが集まっているのかどうか、資料があるのかどうか。互いに評価し合うのです。その際、「もっと〜を集めたらいい作品が書けるんじゃないかな。」「ああ、確かに。ありがとう。」などと助言し合えるのは．子供たちが互いに理解しているルーブリックがあるからです。ここで評定を行うように「君は○だね。」「君は△だ。」「君は◎だ。」などと言い始めると、子供同士の関係は、ぎくしゃくしてきます。高学年ならば、より、相手に気を遣ったり、相手を選んだりする心が働きますから、一層のことです。

私は、子供たちがクラスの仲間を「あの子は△」「あの子は◎」などと言い出す行為が、あまり気持ちのいいものではないことなのだ、と言いたいのです。

教師の行う評定も、同じことです。ルーブリックを提示して、児童に対して評定をする日々が形成的評価なのだ、と思っていたら、子供を追いつめるだけです。記号でラベルを貼るだけになってしまったら、どうあっても、△しか取れない子はいます。△をもらい続

けっる日々の中で、その子は学習に対してどのような思いを抱くでしょうか。学びたい、がんばりたい、と素直な心で思えるのでしょうか。筆者には、とうていそうだとは思えません。

　むしろ、「めあてのポイント」に示された事柄に向かって、一心に学習し、その結果を振り返る日々を支援する方が、児童は主体的に学習するようです。「めあて・ふりかえり表」は、個々がめあてをもち、そのめあてに対するふりかえりを綴るためのツールです。児童同士が友達のことを相互に評定をつけるために使用してしまったら、全く効果を発揮しません。

　読者の皆様、くれぐれもお気を付けください。

　ところで、「めあて・ふりかえり表」を行っていてよかったことを児童に聞いたところ、こんな声があがりました。

「先生のコメントで、ヒントがもらえるからうれしい。」
「△になったときも、先生がはげましてくれるから、また、がんばりたいと思える。」

　児童は、よりよく学習できるようになりたいと思っています。学習環境が整いさえすれば、時に教師の予想を上回って学習に励み、自分の可能性を伸ばそうと行動を起こす存在です。

　そのためのヒントを、適時に出せるかどうかが、学習指導の鍵を握っているのではないでしょうか。また、教師の腕の見せどころではないでしょうか。

「学習感想」と「ふりかえり」はちがう

　筆者は、子供たちに、「学習感想とふりかえりは、別です。ふりかえりを書けるようになりましょう。」という旨を伝え、それぞれを明確に分けて指導しています。

　さて、二つの違いは、一体、どこにあるのでしょう。ある児童（仮にA児とB児、と呼びます）記述を例に、これについて説明します。

　　A児
　　「音読がたくさんできて、今日の学習は、とっても楽しかったです。明日もがんばります。」
　　B児
　　「今日のめあては、ア―③でした。場面ごとに気持ちをそうぞうしたら、「じさまぁ」の読み方は、始めと山場では変えないといけないことが分かりました。明日は、どのように変えて読むのかを考えたいです。」

　A児もB児も、今日の学習について書いています。ところが、A児には、B児のような「自分のめあて」や、今日学んで理解したことや、理解できなかったことへの意識が欠如しているのです。A児の記述は「学習感想」と言い、学習を通じて感じた思いを直観的に書いているものです。

　それに対して、B児が書いているものは、「ふりかえり」と言います。記述内容から、B児が何をめあてに学習し、その結果、何が分かり、明日からどのようなめあてを持つか、が読み取ることができます。

　このように、筆者が本書で定義する「ふりかえり」とは、下記の三つの視点を踏まえた記述を指します。

> 視点1　「自分のめあて」が、どのように・どの程度できたか、（できなかったのか）を書くこと。
> 視点2　学んだ結果、今日、何が分かったのか（何が分からなかったのか）
> 視点3　視点1・2を踏まえ、次回はどんなことをめあてにするのか。

視点1について

　「どのように」というのは、めあてのポイントの中に示した項目がどのようにできたのか、という意味です。例えば、「登場人物の気もちをくわしく想像して書く」というめあてに対して、どのような想像ができたのか、が記述できることを意図しています。

　「どの程度」とは、上記のような想像が、どのくらいの記述量で書けたのか、が記述できることを意図しています。2～3行なのか、8行なのか。

　また、☆で細分化しためあてのポイント（図1）が、いくつできたのか、ということに対して記述できることを意図しています。

ア　ことば	イ　こうやって　読むよ	ウ　やるぞ！　楽しい！
①ときや、ばしょ、人ぶつ、したこと・あったことを　あらわすことばを　見つける。 「お手紙をまつじかん」って、ときを　あらわすことばかな。 ☆どんなとき ☆どんなばしょ ☆どんな人ぶつ ②ばめんが　かわったところを見つける。 ☆とき ☆ばしょ ☆人ぶつ 「かえるくんは、大いそぎで　家へ　帰りました。」ということは、ここから　ばしょが変わるかな。 ③そうぞうしたことや　ばめんのようすが　つたわるように音読している。 ☆こえの大きさ ☆はやさ・まのとり方 ☆ひょうじょう ☆目線 「ああ。」というところで、がまくんの…	①ばめんの　おもなできごとをかんがえながら　読む。 いつ　どこでだれが　何をした（どうした）ばめん　かな。一文で　あらわしてみよう。 ②おはなしを読んで、おもしろいなとおもったことや、ふしぎだなとおもったことを　書く。 お手紙を　まっていたはずなのに、お昼ねをしている　がまくんが　おもしろい。 ☆人ぶつのようす（したこと・いったこと） ☆がまくんと　かえるくんの　かんけい ③ばめんの　ようすや、人ぶつのしたことを、くわしくそうぞうしている。 ☆かおのようす ☆話し方 ☆したことのわけ 	①じぶんで　かんがえようとする。 このばめんの　おもなできごとって、何だろう。 ②文やことばから　そうぞうしたことを、ともだちにすすんでつたえたり、じっくりきいたりする。 わたしは、～から…とおもったよ。 ☆かんがえをはなす。 ☆かんがえと、そのわけをはなそうとする。 ☆ともだちの目を　見る。 ☆うなずきながら　きく。 ☆かんそうを　つたえる。 ③ともだちの　音読を　きいて、よかったところや、もっとこうした方がいい　とおもったところを　つたえている。 ☆こえの大きさ ☆はやさ・まのとり方 ☆ひょうじょう ☆目線

ここからえらんで、めあてを　きめよう。

図1　☆で細分化しためあてのポイント

視点2について

　筆者は、めあてを立てて学習問題に取り組んだ結果、何が分かったのか。これを児童が自分で書くことに意味があると考えています。

　よく、何が分かったのかを「まとめ」として板書する例が見られます。　教師が主導で「まとめ」を書き、児童にノートへ書かせることもあれば、「今日は、どんなことが分かりましたか。」と児童に投げかけ、発言内容を受けて板書する実践も見られます。しかし、児童一人一人が学び、分かったことというのは、本来、一人一人異なるものではないでしょうか。

　例えば、全ページの図にある「ア―①ときや、ばしょ、人ぶつ、したこと・あったことをあらわすことばを見つける。」をめあてに学習した場合で考えてみましょう。ある児童（仮にC児と呼びます。）が「人ぶつのしたこと」は見つけられたとします。ところが、「ときや、ばしょ」を表す言葉は見つけられなかったとします。その状況で、教師主導で「まとめ」をしたり、他の児童の学びを受けて「まとめ」を整理したりしたとして、C児にとって、それが「まとめ」となるのでしょうか。筆者には疑問です。C児にはC児なりに分かったことが、あったはずだからです。

　また、何が分からなかったのかを書くことで、自分の立ち位置をメタ認知することも大切です。児童にとって、分からなかったことを書くのは、勇気がいることかもしれません。なぜなら、「○○が分からなかった」と書くことで、成績がネガティブなものになるかもしれない、と考えるものだからです。ここは、はっきりと宣言しましょう。「何かが分からなかった、と書いても、絶対に成績を下げたりしません。」この宣言は、高学年になるほど、効果的です。そもそも、教師は、児童が分からないことを分かるように導くことが仕事なのです。児童が、自分が何が分からないのか、が分かっているのは、次の学習に繋がる重要な気付きです。むしろ、大いに褒めてあげましょう。また、適切に助言してあげましょう。助言は、教師のコメントとして、児童のふりかえり欄に書いたり、個別に読んで、直接伝えたりすると良いでしょう。

視点3について

　ここには、明日に向けた思いや願いが書かれることになります。「明日は～をしたい」「明日は～をめあてに取り組みたい」などと書かれるので、学習感想と似た内容になります。

　しかし、学習感想とは、やはり別物です。「視点1、2を踏まえて、次回はどんなことをめあてにするのか。」という視点は、今日の学習をふりかえる「省察」に対して、明日の学習を見通す「予察」の意味合いがあるのです。

　視点3では、例えば、下記（図2）のようなふりかえりが好ましいです。

Ａ「登場人物の気持ちを想像して書いた文が短くなってしまったから、次は長く書けるように明日からイー③をがんばりたい。」

(学習材「ごんぎつね」のふりかえり)

Ｂ「内容が深まってくると、あと話（続きの物語）が書きたくなってきました。」

(学習材「白いぼうし」のふりかえり)

Ｃ「もう少し、ちょうの女の子のことをくわしく書きたかったです。次は「よかったね、よかったよ。」の意味をじっくり考えて書きます。」

(学習材「白いぼうし」のふりかえり)

図2　視点3の好ましい記述例

　Ａの記述では、今日の学習をふりかえって、「書いた文が短くなった」ということを省察し、「明日からイ―③をがんばりたい」という記述で、次回のめあてを予察しています。

　Ｂの記述では、学習内容が深まってきたことを省察し、「あと話（続きの物語）が書きたくなってきました。」と、次の学習を予察しています。

　Ｃの記述では、今日の学習では「くわしく」書けなかったことを踏まえて、「次はがんばります」と宣言しています。

　このように、今日の学習を踏まえた上で、明日の学習を見通す視点は、ただ「楽しかった」「がんばりました」という感想とは別物と言えます。しかし、今日の学習を踏まえて、ただ「明日もがんばります」だけでは、見通しが立っているかが曖昧です。書き方に慣れさせ、何を、どのように「がんばります」なのか、までを具体的に記述させていきたいものです。

「めあて」と「課題」はちがう！

　国語授業の課題の一つに、「めあて」と「課題」の混同があります。大分県教育庁(2016) は「児童生徒の主体的な学びを促す「めあて」「課題」「まとめ」「振り返り」の設定例」[1]にて、それぞれのちがいについて下記のように示しています。

1時間完結型授業の充実に向けて　—各教科等の「例」の見方—	
ねらい	○「目的（身に付けさせたい力など）」と「手立て（その授業の中心となる学習活動）」を明らかにして設定します。 ○評価規準は「ねらい」との整合性をもたせて設定します。 ○指導のねらいは、教師の立場で書くもので児童生徒に提示することは基本的にありません。 　※ただし、指導案では「〜できる」という形で、児童生徒の「目標」として提示することもあります。
めあて	○「ねらい」を児童生徒の立場で示したものです。 ○具体的には、付けたい力を身に付けさせるための、めざす「活動のゴールの姿」や「ゴールとそれまでの道筋」を示します。 ○具体的な評価規準が設定できていないと、「めあて」が曖昧なものになります。 ○学習の見通しを持たせ、意欲を高めるものになるよう工夫しましょう。
課　題	○その時間に解決すべき事柄です。 ○「なぜ、〜なのか」「〜することはできるだろうか」「どうしたら〜できるか」等疑問の形で示します。 ○児童生徒が追究したくなる課題になるよう工夫しましょう。 　①既習事項や既有事項とのズレがある　②意見の対立・拮抗が生じる 　③目標達成のために越えなければならない ハードルがある 　④素朴な驚きや疑問、憧れから問題意識が醸成される　等の要素がある課題になるよう工夫しましょう
まとめ	○本時の課題に対する答え・結論。
振り返り	○学びの成果を実感させ、学んだことや意欲・問題意識等を次につなげられるよう視点を設けましょう。その際、本時のキーワードや学習用語を用いる等の条件を設定して学びを振り返らせるなどの工夫をしましょう。
「めあて」「課題」「まとめ」「振り返り」の4つがどの授業でも必要であるというわけではありません。「めあて」と「課題」の提示の順序が変わることもあります。大切なことは、型にこだわるのではなく、教科の特性や単元の展開、本時のねらい等に応じて適切に設定することです。	

図　1時間完結型授業の充実に向けて—各教科等の「例」の見方—

　本書で書いてきたように、めあてとは教師の「「ねらい」を児童生徒の立場で示したもの」です。「具体的な評価規準が設定できていないと、「めあて」が曖昧なものになります。」という部分についても、本書の趣旨と同様で、筆者が強調して述べてきたことです。図にある通り、「課題」は、「その時間に解決すべき事柄」です。さて、私たちの教室では、これらが明確に使い分けられているでしょうか。

1　https://www.pref.oita.jp/uploaded/attachment/2007243.pdf　最終アクセス日：令和元年10月17日

筆者は、東京都内の若手教員の授業力を育成する立場であることもあり、小・中・高と様々な校種の授業を見てきましたが、この二つは、多くの国語教室で混同されていることを実感しています。「めあて」と書かれた項目の内容は「課題」が示されている授業や、「めあて」は示されているが、「課題」が設定されていない授業を観察したこともあります。実体験として、この二つを明確に分けて示せている国語教室はとても少なく、筆者はそのことに強い問題意識を抱いています。国語は、どんな力を付けるのかがよく分からない教科だ、と言われる要因の一つと考えるからです。

　付ける力を明確化するためには、「めあて」と「課題」…この二つを分けて示せることが必要です。「めあて」に着目すれば、課題の解決を通じて、どのような力が付くのかが明確化されるはずです。

　例えば、小学2年生で「スイミー」の第5場面の音読を行うとします。「第五場面の様子を、会話文に注目しながら想像し、声の強弱を付けて音読することができる」…これが本時のねらいだとします。授業の中で、どのように「めあて」「課題」を分けて示せばいいでしょうか。

　「スイミーの第五場面を音読しよう」…これは、本時の目標ではありません。これは、課題です。児童に分かりやすくつかませる為には、「ねらい」を「めあて」に翻訳して、児童に示すことが求められます。

　もう一度言います。教師の「ねらい」を児童の「めあて」に翻訳することが大切です。読者の皆様は、小学2年生にどのように「ねらい」を「めあて」に翻訳するでしょうか。

　「めあて・ふりかえり表」には、教師の「ねらい」が、平易な文とイラストで示してあります。「めあてのポイント」を選ぶ中で、児童が「きもちをあらわす言葉を見つけて、そうぞうしながら読もう」と「めあて」をもちながら「課題」が解決できる授業を積み重ねていきたいものです。

「指導内容の内化・内省・外化」による授業改善

　授業改善。教員をしていたら、必ず耳にする言葉の一つです。読者の皆様は、授業改善のために、これまでどのようなことをしたことがありますか。

　○文献や資料の調査を行い、これまで実践したことのない方法を追試する。
　○同僚や先輩教員に質問をし、指導してもらう。
　○模擬授業を行い、改善点を探る。
　○授業をビデオ録画したものを再生し、改善点を探る。
　○授業の音声記録を再生し、改善点を探る。
　○観察者に授業を見てもらい、協議する中で、改善点を探る。

…などが挙げられるでしょうか。
　文部科学省 (2017)「小学校学習指導要領解説総則編」によると、「児童のよい点や進歩の状況などを積極的に評価し、学習したことの意義や価値を実感できるようにすること。…（略）…単元や題材など内容や時間のまとまりを見通しながら評価の場面や方法を工夫して、学習の過程や成果を評価し、指導の改善や学習意欲の向上を図り、資質・能力の育成に生かすようにすること。」とあります。即ち、授業改善に向けて、児童の学習の過程や成果についての進捗状況を見て、学習指導計画を修正したり、時には変更したりする必要があるのです。授業改善を行うためには、

　○児童の学習記録（ノートやワークシート）とふりかえりを基に、改善点を探る。

という視点が欠かせないのです。
　例えば、筆者は今西祐行の「一つの花」の読解指導を行った際、当初の計画では、題名のことに特化した話合いを行うことを想定していました。そのために、全体指導の際に、「一つの花」「一つだけのお花」などと言い換えられている点について指摘する等の伏線を散りばめていました。ところが、初発の感想用紙と、ふりかえりの記述を読んでいくと、児童の中に、　題名に特化した問いの意識はあまり見られないことが明らかになったのです。

　児童の記述内容を読むと、多くの児童が「戦時下における父親と娘」の物語と捉えている感が強いことが明らかになってきました。
　念のため、記述統計ソフト KH_Coda を用いて、初発の感想についての頻出語句を調べてみたところ、下記の表の結果となりました。

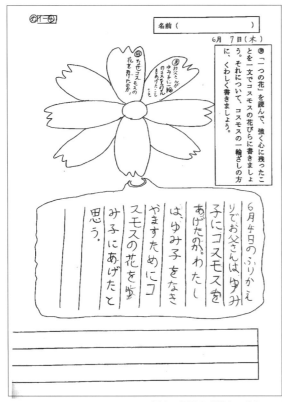

図1　初発の感想と、めあて・ふりかえり表の典型例

抽出語	出現回数
思う	44
ゆみ子	39
お父さん	34
不思議	24
言う	20
お母さん	16

表1　初発の感想の頻出語句

「お母さん」という語が、「ゆみ子」や「お父さん」という語句に比べて、少ないことが明らかになったのです。

　これを見て、筆者は疑問を感じ始めました。戦争を乗り越えていく家族の物語であるにもかかわらず、母親についての言及があまり見られないからです。終わりの場面では、母子家庭になりながらも必死にゆみ子を育てている様子が描かれているにもかかわらず、児童には父親と娘の物語と捉える節があるのです。

　単元を開始した当初の、児童のふりかえりを読むことで、この疑問は強まりました。ふりかえりに見られる記述も、初発の感想と同様、父と娘のかかわりに対するものばかりが見られました。

　そこで、読みの課題を提示する際に「母親のことを考えなくてもいいのだろうか」と揺さぶりをかけることにしました。また、読みの課題内容も、題名を読む課題を扱うことを辞めて、「お父さんとお母さんがそれぞれ、どのような心配をしていたのだろうか」などと言った、両親の立場から思いを読み解いていく活動をメインとしました。

　すると、児童のふりかえりには、少しずつ「お母さん」という語がワークシートに登場するようになりました。

軌道修正後の児童のふりかえり

> 「お母さんは、本当はお腹が空いているのに、ゆみ子のために食べ物をあげていることが分かりました。」
>
> 「お母さんは、ゆみ子の口ぐせを心配しているのが分かりました。それに対して、お父さんは、ゆみ子の将来を心配している」
>
> 「お母さん、お父さんは、同じことを思っているのが分かりました。」

　堀（2015）[1]は「教師の指導内容が学習者の学習状況に適応しているかどうかを確認できていないまま、教師が望ましいと思っている授業が行われているのではないだろうか。まず、その認識から始めなければ、授業の改善はあり得ない。」として、教師が「指導内容の内化・内省・外化」を行うことで授業改善を行うことの重要性を指摘しました。教師は、児童の学習状況の確認を行う上で「ふりかえり」を基に「指導内容の内化・内省」を行い、授業改善のサイクルを回すことが大切になる、と言えるでしょう。

1　堀哲夫（2015）『教育評価の本質を問う　一枚ポートフォリオ評価 OPPA 一枚の用紙の可能性』東洋館出版社

全体へのフィードバックでもたらされるもの

　授業の導入時に、児童のふりかえりを紹介する意味は、一体何でしょう。本節では、児童のふりかえりを全体へフィードバックすることの意味を考えていきたいと思います。結論から言いますと、問いの意識を共有することができます。下の図1をご覧ください。

		自分	
		知っている	知らない
相手	知っている	第一象限 **Open** （開かれた窓）	第二象限 **Blind** （見えなかった窓）
	知らない	第三象限 **Hidden** （伏せた窓）	第四象限 **Unknown** （まだ知らない窓）

図1　ジョハリの窓（邦訳は筆者による）

　「ジョハリの窓」は、医学博士ハリントン・インガム（Harrington V.Ingham）と心理学者ジョゼフ・ラフト（Joseph Luft）によって開発されました。両者の名前をとって「ジョハリの窓」と名付けられ、1963年に公表されました。第一象限「Open（開かれた窓）」第二象限「Blind（見えなかった窓）」第三象限「Hidden（伏せた窓）」第四象限「Unknown（まだ知らない窓）」からなる、対人関係における心の姿を図にしたものです。

　第一象限…自分も、相手も知っていること。
　第二象限…自分は気付いていないが、相手は知っていること。
　第三象限…自分は知っているが、相手は気付いていないこと。
　第四象限…自分も相手も気付いていないこと。

　ふりかえりを書いた児童を仮に「自分」と位置付け、学級の児童を「相手」と位置付けてみましょう。教師が、「自分」に位置付けたお子さんのふりかえりを紹介したとき、子供たちは「自分も同じことに気が付いていた」と思ったり、「自分はそんなこと、考えてもいなかった。」と思ったりするものです。

　小学校3年生「おにたのぼうし」の場面ごとの主な出来事を整理する学習をした際、ある子が、めあて・ふりかえり表に「おにたが、ぼうしをわすれたのか、わざとなのかが気になりました。」という記述をしました。このような記述が、4名ほどあったとしましょう。

これを、次時に紹介すると、四名の子たちには、このふりかえり内容については、自分も知っていて、相手も知っている事柄のため、第一象限にあてはまります。ところが、他の子供たちには、第二象限にあてはまります。「そうか、確かに…」などと呟きながら、おにたがぼうしを残した事柄が気になり始めていきます。四名の中には、或いは自分なりの解釈をし始めていた子もいたことでしょう。このとき、自分の解釈は、第三象限に位置付けられています。学級としての話合いをしていない状況なので、学級集団としての納得解は、第四象限にあります。全体へのフィードバックを通じて、おにたがぼうしを残して消えた山場の出来事は、話合いの話題として設定したい所です。これを整理すると、図2のようになります。

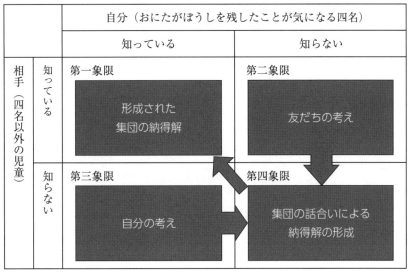

図2　集団の話合いによる納得解の形成に向かう心の動き

　第四象限を創り出して行く中で、第四象限の内容は自分も相手も知っている事柄となっていき、第一象限へと向かいます。ジョハリの窓は、第一象限が広がれば広がるほど、対人関係が適切なものになる、とされています。集団の話合いによる納得解が形成されると、自他の考え方を改めて尊重し合うことができるようになり、学習集団としての成長が望めることでしょう。

　このように、学級全体にふりかえりを紹介することで、一人の児童の学びが、他の児童の学びに影響を与えることができます。本節では、問いの意識を共有することができる点を例に挙げましたが、作文の書き方や、音読の仕方のコツなどを紹介するのも、学級全体の学習を深めるきっかけになるものです。

　音読発表会に向けて、学習をしている子供のふりかえりに、「音読が上手な人は、会話文の中身から人物の気持ちを考えていることが分かった。」という記述があったことを学級全体に紹介すると、「確かに。自分も意識している。」という声が聞こえてきます。「同じ班の○○さんに、教科書を持ってもらって、それを見ながら音読していたら、声がしっ

かり出せるようになった。」というふりかえりを紹介した日の学習から、急に子供たちの顔が上がり始める、という姿も見られます。（図3）

　子供たちにとって、個のふりかえりを全体に紹介されることの意味は、学習を進めていく上でのきっかけであったり、ヒントであったりすることが多いです。また、単純に紹介されたという事実が、その子の学習意欲を高めることにも繋がります。個々の学習状況に応じて、様々な効果が得られることでしょう。

　教師としては、子供のふりかえりを意図的に取り上げたいものです。

図3

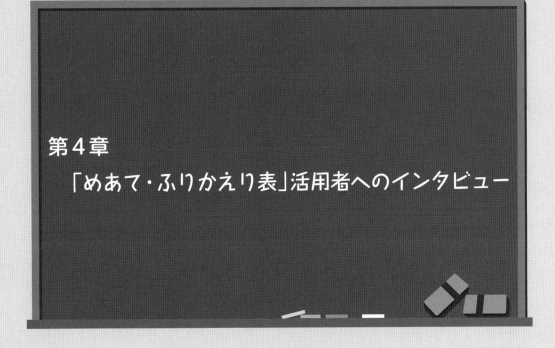

第4章
「めあて・ふりかえり表」活用者へのインタビュー

本章では、「めあて・ふりかえり表」を用いた実践を行った方に登場していただきます。
「めあて・ふりかえり表」を作成し、使用した実践者は、その効果をどのように実感しているのでしょう。また「めあて・ふりかえり表」を用いて、学級の子供はどのような学びをし、どのようなふりかえりをしたのでしょう。
筆者とのQ＆Aで実践の様子を見ていきましょう。

実践者：公立小学校

柳沢ゆかり 教諭

単元名「おもしろいと思うところを、しょうかいしよう」
教材名「三年とうげ」（李錦玉 作、朴民宜 絵　光村図書3年下）

Q．めあて・ふりかえり表」を初めて見たとき、どのような印象をもちましたか。

A．初めて見た時は、絵もあるし、この単元の中で、その時間に、何をすればいいのか、子供でも分かる言葉で書いてあったし、単純に「いいな」、と思いました。でも一方で、これをやり続けるのは大変だな。これ、作るのにどれだけかかったんだろう。一体、どれだけ教材研究をしたんだろう、と思いました。

Q．子供に「めあて・ふりかえり表」を提示したら、どんなことが期待できると思いましたか。

A．私自身、物語が好きじゃなかったので「国語ってどんなことを学べばいいの」って思っていた所があって、この単元で、または1時間で、こんなことができるんだ、というのが一目で分かると思いました。きっと、子供にも同じことが起きて、「今日は、ここができればいいのね。」と、ストンと落ちるんじゃないかなと思いました。

Q．教材研究が大変そうだな、と思ったことについて聞かせてもらえますか。

A．やっぱりこう、単元の中で自分がこういう力をつけたい、というのがあったとき、それをどうやって子供に付けさせるかを考えると思うんですが、こっちが思っている

言葉をそのまま伝えると難しい。だから、子供でも分かる言葉に置き換えるのが難しそうだな、と思いました。また、言葉を置き換えるだけではだめで、具体的な言語活動にして表すのが難しいな、と思いました。言葉の変換が難しいな、と思いました。

Q．それでも、「めあて・ふりかえり表」をやってみようと思ったのは、どうしてだったのですか。

A．やっぱり、「めあて・ふりかえり表」を見たときに、自分の中で「ああ、こんなことをやるのか。」というのが、分かりやすかったからです。子供達に与えたら、きっと子供達もそう思ってくれるだろうな、と思えたからです。教材研究、とりわけ単元計画を立てて、押さえ所を明らかにしていく中で、「あ、ここを『めあて・ふりかえり表』の中に入れていくようにすればいいな。」というのが気付けるようになってきて。やってみると、単元を通した教師自身の見通しがもてるというのが大きなポイントかな、と思います。

Q．子供達に提示したとき、どのような反応だったのですか。

A．子供たちは初めて教材に出会って、付けていく力については、これまでの授業の中で話してきてあったので、「どんな学習を

進めていけばいいと思う？」と投げかけたときに「こういうことをやればいい。」「ああいうことをやればいい。」ということを出させました。

その後に「めあて・ふりかえり表」を提示しました。そうしたら、最初に「ああ（納得）。」というのが子供たちの最初の反応でした。国語が得意な子供たちは「ああ、これをすればいいのね。」「これができればいいのか、簡単じゃん。」「明日は、じゃあ、これですね。」って。

そして、国語が苦手な子供たちに「今日のめあてはどれ？」と投げかけたら、「これかな？」という様子でした。私が「今日はこれをやるんだよ。」と言ったら「うん。これかあ…大変だ！」という感じで（笑）。

ちゃんと自分なりに受け止めて、それをやろう、という感じになっていて。「苦手だ、やりたくない。」ではなくって、「今日はこれがゴールなんだ。」というふうになって。何をするのかが分からないからいやだ、ということではなく、大変なんだけれど、今日のゴールが見えていたので、「大変。」というのが分かっているというふうに様子が変わったんです。ちゃんと、その課題に向き合おうという姿勢が出てきたのが、よかったなと思います。

Q. 「めあてのポイント」の欄をどのように子供と共有したのですか。

A. 最初に、学習計画を立てた翌日に「めあて・ふりかえり表」にしたものを配布しています。配布した日に学習計画に立ち返るようにして、「昨日、みんなで立てた学習計画はここだから、めあてのポイント『ア―①』はもうできているんだね。そして、今日は学習計画が進むから、めあてのポイント『イ―①』に入っていくんだね。」などと確かめながら押さえていきます。すると、計画とめあてが一致していくことを子

供が確認していくことができます。

Q. 「めあて・ふりかえり表」をどのような手順で作っていますか。

A. まず、最初は教材を使って子供たちにどんな力を付けたいのか、を確認します。で、その後にその力を付けさせるために、どんな言語活動をしたらいいのだろう、と考えて教科書を確認したり、指導書を見て確認したりしていきます。

Q. 教科書の手引きを確認する、ということですか？

A. はい。付けたい力と関連してくると思うので、また、子供たちが実際に行う言語活動が書かれていると思いますので、していきます。そして、付けたい力を子供に分かるような言葉に置き換えるために、確認しています。子供たちに分かる言葉を探すためにも読みます。『小学校学習指導要領解説　国語編』の言葉のままでは、堅い表現だし。

Q. 付けたい力を明確化するとき、『小学校学習指導要領解説　国語編』を確認していますか。

A. はい。ですが、まずは教材を読むようにしています。子供たちに身に付けさせたい力を日頃の学習の様子からイメージしておいて、教材を読むようにしています。教材を読まないと、どのような力が付きそうなのかがはっきりしないし、それ（付けたい力）を付けるにはどの教材が相応しいのだろう、という発想が理想です。ですが、教科書を進めていかなければいけない現実がありますので、教科書に書かれている単元や言語活動で、付けたい力が本当に身に付くのだろうか、という目線で教材研究をします。そして、教材や言語活動を通じて身に付けさせたい力を『小学校学習指導要領解説　国語編』を読んで、学習方法の手掛かりを見付けたり、ヒントを見付けたりす

ることができます。

Q. 「教材」「教科書の手引き」『小学校学習
指導要領解説 国語編』を読む時間の割合
は、それぞれどのくらいでしょう。

A. え〜〜！ どうなんだろう（笑）。でも、
教材の方が多い気がするなぁ。結局、教材
をしっかり読み込まないといけないから…
「教材6：教科書の手引き2：小学校学習
指導要領解説国語編2」ぐらいかなぁ。教材
をしっかり読み込まないと、「めあて・
ふりかえり表」に書き出す「めあて」が浮
かんでこないので。

Q. 国語教科書の朱書き編も参考にしますか。

A. はい、確認しています。単元の目標とか、
付ける力についての記述を読むと、例えば
「登場人物の人柄を読む」などと書かれて
いると「どんなところを読むと人柄が読み
取れるのかな」と思うと、「会話や行動」
となってきます。そうした言葉を「めあて
のポイント」欄に使っています。「人柄を
読む」という言葉だけだと、はっきりして
こないのですが、「会話や行動に着目」な
どと書かれていますので、これを子供たち
の読む「めあて・ふりかえり表」に書いて
あげるのは必要なことじゃないかな、と思
います。

Q. 「めあて・ふりかえり表」を作るのに、
何分ぐらいかかりますか。

A. 何分だろう…何分じゃあ終わらないです
ね（笑）。教材研究の時間を除きますね。
パソコンに向かって、さあ作ろう！ とな
ってから…言葉や絵を選んだり、作り直し
たりすると、結局「1時間ちょっと」はか
かりますね。でも、項目の中身さえ分かっ
てしまえば、そこからは早いです。「めあ
てのポイント」が「これだ！」とクリアに
なると、後は書くだけなので。大事になる
のは「イ」の部分です。中心の所から私は
いつも作るんですけど…「どんな読み方を

マスターするんだ」「こうやって読むよ
（思考力・判断力・表現力等）」というのを
はっきりさせて、それから「何ができるか
（知識・技能）」と「どんな思いで学ぶか
（学びに向かう力・人間性等）」を考えます。
やっぱり、イは時間がかかります。子供が、
読んで一発で分かるのかな、ということを
考えるので…。

あとは、それを見て「今日の1時間にこ
れをやるんだ」というのが明確か、という
ことを考えます。「登場人物の会話や行動
から人柄を考える」と書いてあったら、
「会話」「行動」と具体的に子供がイメージ
できるかな、とか。学習をしている子供た
ちに対して「今日、どんなポイントで学習
するんだっけ？『会話』と『行動』でし
ょ。」などとアドバイスができるし…。「ふ
りかえり」をしているときにも、「めあての
ポイント」に立ち返るようにもしています。

Q. イラストの部分は、どのように作ってい
ますか。

A. 子供たちが読んでいる絵を、素材集の中
から選んでいますね。私にとっては、吹き
出しが大事で。具体例を出してしまう、っ
て言うか。子供たちが「ああ、こうやって
書けばいいのね。」と分かりやすく思える
ような言葉を考えています。

「登場人物の会話や行動から人柄を考え
る」だけで、分かる子もいると思うんです。
その下に絵があって、例えば登場人物（じ
さま）が言った言葉が書いてあって、「じ
さまが『ほんにのう』って言ったから、じ
さまは…」みたいに、途中まで書いてあげ
て、「…」から先は書かないでおくように
してみます。子供たちが、頭の中に起こる
思考の手順をイラストと吹き出しで具体例
にして示してあげるようにしています。

やればやるほど、こだわって作るように
なるので、時間もかかります。だから、

「イ」から行くんです。「イ」が決まると、「ア」や「ウ」は自ずと決まってくるので。

Q．実践してみた「さんねんとうげ」の、めあてのポイントは適切だったと思いますか。ここは、こうしておきたかった、というようなことはありますか。

A．実は、研究授業の単元だったので、3クラスで「めあて・ふりかえり表」を作ったのですが、3回とも別のものだったんです（苦笑）。1回目に作ったものが、子供たちに合わなくて。ちょっと分かりずらいと。2回目のクラスでもバージョンを変えても、やっぱり分かりずらい部分が見えてきて。吹き出しの部分がもう少し理解できないかな…と、それで3回目を行ったから、3回目が一番いいものになっていると思います。

　それでも、「イ―①」「イ―②」はこれで良かったのかな、と思う所がありました。作っていたとき、国語が苦手な子にとって、できるようになるものを作りたいという思いがありました。会話とか行動を見付けられたら、「気持ちを想像する」で、面白い所をまとめる。だから、「イ―①」と「イ―②」を分けたんです。でも、1時間の授業の中で「会話だけ」「行動だけ」見付ければいい、ということにはならないので、結局「イ―②」までできないと意味がない。だから、今、思っているのは、「行動や会話を見付けて、気持ちを想像する」という所までを「イ―①」にして、「イ―②」が、「変化して面白い所をまとめる」と分けたら、「イ―①」は読んで、「イ―②」は自分の考えをまとめる、といった流れになったんじゃないかなと思います。3回作っても、やってみて、まだ変えた方がいいのかなというのは、子供たちの様子を見て判断することになるんです。「イ―①」をめあてにした子は、「イ―②」はしなくてもよいということになるので…。だから、今後、作

っていくときは毎時間の学習計画をもっと意識しためあてのポイントを作れるといいのかな、と思っています。

Q．「イ―①」をめあてにした子供たちは、実際、「イ―②」は手を抜こう、みたいな様子は見られましたか。

A．ああ〜。でも、それはありませんでした。「今日は『イ―①』できた！」だけで満足するのではなくて、そこから「イ―②」に繋げなければいけないということは子供たちには明確だったから、「よし、じゃあ次は『イ―②』がんばるぞ！」という気持ちの方が強かったです。手を抜くどころか、自分のめあてを越えていって、さらに頑張る、ということができていきました。国語が苦手な子には、戸惑っている子もいました。でも、「イ―②は、三つあるから、そのうち一つは書けるようにしよう。」などと声をかけて、励ましていきました。「先生、今日はイ―②の一つ、書けた。」と言う子供に対しては、「ああ、いいね！　明日はじゃあ、二つ、三つと書けるようになるといいね。」などと声掛けをして、「今日は三つできた！」と言う子が出たら「やったね！　今日のめあて、達成‼」などと認めてあげられました。

Q．先生は、体育でも「めあて・ふりかえり表」を使っていましたね。

A．はい。体育の技能ポイントとすごく似ているなぁ、と感じていたので。ボール運動でゲームをする際、ただゲームをするだけじゃなくて「こういう力を付けるためにやるんだ。」と思ってほしくて使い始めました。「作戦を立てるのが大事なんだ。」とか「投げるときに上から投げられると良いんだ。取るときは胸でキャッチするのが大事なんだ」とか。（図1）

　他教科でも使ってみると、めあてに正対して「ふりかえり」を具体的に書く、とい

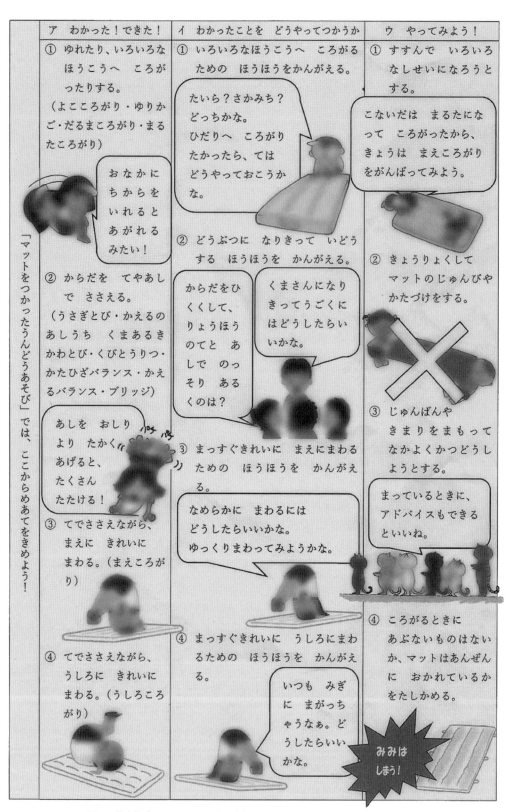

ア わかった！できた！	イ わかったことを どうやってつかうか	ウ やってみよう！
① ゆれたり、いろいろな ほうこうへ ころがったりする。（よこころがり・ゆりかご・だるまころがり・まるたころがり）おなかに ちからを いれると あがれる みたい！	① いろいろなほうこうへ ころがるための ほうほうをかんがえる。たいら？さかみち？どっちかな。ひだりへ ころがりたかったら、ては どうやっておこうかな。	① すすんで いろいろ なしせいになろうと する。こないだは まるたになって ころがったから、きょうは まえころがりをがんばってみよう。
② からだを てやあしで ささえる。（うさぎとび・かえるのあしうち くまあるき かわとび・くびとうりつ・かたひざバランス・かえるバランス・ブリッジ）あしを おしり より たかく あげると、たくさん たたける！	② どうぶつに なりきって いどうする ほうほうを かんがえる。からだをひくくして、りょうほうのてとあしで のっそり あるくのは？くまさんになりきってうごくにはどうしたらいいかな。	② きょうりょくして マットのじゅんびや かたづけをする。
③ てでささえながら、まえに きれいにまわる。（まえころがり）なめらかに まわるにはどうしたらいいかな。ゆっくりまわってみようかな。	③ まっすぐきれいに まえにまわるための ほうほうを かんがえる。	③ じゅんばんやきまりをまもってなかよくかつどうしようとする。まっているときに、アドバイスもできるといいね。
④ てでささえながら、うしろに きれいにまわる。（うしろころがり）	④ まっすぐきれいに うしろにまわるための ほうほうを かんがえる。いつも みぎに まがっちゃうなぁ。どうしたらいいかな。	④ ころがるときに あぶないものはないか、マットはあんぜんに おかれているかをたしかめる。みみはしまう！

「マットをつかったうんどうあそび」では、ここからめあてをきめよう！

図1 体育版「めあて・ふりかえり表」（イラストは本書掲載にあたり加工しています）

図2　柳沢教諭が作成した「めあて・ふりかえり表」（国語「三年とうげ」光村図書3年上）

うのが子供たちには理解できてくるみたいですね。子供が、取り組む上でのめあてが何かが分かるから、ふりかえりをしたときに課題が明確になる。教師も、押さえる所がはっきりしているので、赤ペンでコメントがしやすかったです。

Q. 先生は、子供のふりかえりに赤ペンを書くのに、何分くらいかけていますか。

A. え〜（笑）何分だろう。

　研究授業の単元だったので、結構かかったかも。45分間くらい。結構、がんばって読んだし、まだ実践3回目くらいで、子供たちが「ふりかえり」を書くことに対して、慣れていなかったので。上手に書ける子はすぐに書けるんです。やっぱり、苦手な子供たちに何とコメントをしてあげたら、書ける子供たちのようなよりよいふりかえりの書き方が分かってもらえるんだろうと思い、それで時間がかかりました。ふりかえ

りが書けていないということは、自分の現状が分かっていないし、どう書いていいかも分からない、ということだったからです。また、「こういうときはどうだった？」などと授業中は全員とやりとりをするのは難しいので、それをコメントの中でできたらいいな、と思ったのです。

Q. 赤ペンでコメントをする中で、子供たちは変わっていきましたか。

A. はい、徐々に変わっていきました。最初の頃は「今日は書くのが大変でした。」とか、「面白い所がまとめられなかったので、次回はまとめられるようにする。」などでした。確かにそう思うんですけど、「（面白い所がまとめられなかったのは）会話が見付けられなかった」とか、具体的なことが書けるようになってほしいな、と思っていました。

　例えば、「最初の頃は何を書いていいか

図3　助言に用いる「めあてのポイント」

が分からなかったけど、（作品の面白い所が）だんだん書けるようになってきて、いい勉強になりました。」といった感想や、自分の現状を理解してふりかえりが書けるようになっている。こうやって、自分を客観視したふりかえりが、徐々にできるようになってきているのは嬉しいですね。自分のことが見えてきたり「会話文が」とか、「おじいさんの変化」とか具体的な言葉が出てきます。

　めあてとは関係のないことを書くのが苦手な子に対しては「めあてに対するふりかえりを書いてね。」とアドバイスをしたら、「○○さんが作品の面白さを伝えるのに『ふしぎ』という言葉を使って表現していたのを真似してみたい。」と、具体的に書けるようになっていきました。（図2）

Q．ふりかえり欄のシールにはどんな意味がありますか。

A．いいふりかえりを学級掲示で紹介しているのですが、紹介をしきれないけれど価値が高い記述をしている子にはシールを貼ってあげています。

Q．授業中、子供のめあてに対する助言はどの程度できましたか。

A．そうですね。めあてが明らかなので、助言はしやすいです。「イ―②」の二つまではできているのだとしたら、「あと一つだね！」とか。（図3）

　①、②、③と細かくポイントを分けているから、「先生、今ここができてないです。」と、子供たちの方が自分の現状が分かるので。

　それまで国語を指導していて一番やっかいなのは、子供は何ができていないから先に進めていないんだ、というのがはっきりしなかったところでした。「めあて・ふりかえり表」を作ることで、そういう所が整理できたのは大きかったです。

Q．最後に。まだ、「めあて・ふりかえり表」を使用したことのない先生方へ、一言メッセージをお願いします。

A．自分のためにもなりますし、子供のため
　にもなります。
　　自分にとっては、それが一番よかったな、
　と思います。子供の力が伸びますし、自分
　も伸びることができる。
　　正直、最初は大変だけど、一回作ってみ
　ると、こういう所に注目して作ればいいん
　だというのは分かります。騙されたと思っ
　てやってみるといいと思います（笑）。

引用・参考文献

【まえがき〜第1章】
田中博之（2017）『実践事例でわかる！　アクティブ・ラーニングの学習評価』学陽書房、p.88.
文部科学省（2018）『小学校学習指導要領（平成29年告示）解説　総則編』東洋館出版社、p.94.
文部科学省（2018）『小学校学習指導要領（平成29年告示）解説　国語編』東洋館出版社、p.16、18.
文部科学省（2019）『児童生徒の学習評価の在り方について（報告）』p.3、p.4、p.12.
　　https://www.mext.go.jp/b_menu/houdou/31/01/__icsFiles/afieldfile/2019/01/21/1412838_1_1.pdf
藤原隆博（2019）『小学校国語パフォーマンス評価』明治図書
【第2章】
田近洵一・井上尚美編（2009）『国語教育指導用語事典　第四版』教育出版、p.158.
【第3章】
大分県教育庁（2016）「児童生徒の主体的な学びを促す『めあて』『課題』『まとめ』『振り返り』の設定
　　例」https://www.pref.oita.jp/uploaded/attachment/2007243.pdf
関田一彦・渡辺貴裕・仲道雅輝（2016）『教育評価との付き合い方　これからの教師のために』さくら社、
　　p.36.
藤原隆博（2017）「『めあて・ふりかえり表』を利用した学習評価についての一考察」第133回全国大学国
　　語教育学会福山大会発表要旨集
堀哲夫（2015）『教育評価の本質を問う一枚ポートフォリオ評価 OPPA 一枚の用紙の可能性』東洋館出版
　　社、p.106.
Joseph Luft（1984）GROUP PROCESSES: An Introduction to Droup Dynamics, THIRD EDITION,
　　p.60.

あとがき

「学習評価を児童の学びに生かすためには、どうすればいいだろう。」

　学期末に成績表を児童に渡すたびに、筆者には疑問がありました。

　児童一人一人の各教科での学びに対して、「よくできる・できる・もう少し」と三段階で評定し、「よくがんばったね。」と労いの言葉をかけ、手渡す…これで、児童は「もっと学びたい」と思えるのでしょうか。仮に思えたとしても、夏休みや冬休みを過ごす中で、学びに向かう力はリセットされてしまうのではないでしょうか。むしろ、学習指導を「今、ここ」で行っている単元の中でこそ、わたしたち教師は、児童の学びに生きる評価ができるのではないでしょうか。つまり、形成的評価を真摯に積み重ねてこそ、児童は、評価を学びに生かそうとするのではないでしょうか。

　筆者は、拙著『小学校国語のパフォーマンス評価』(明治図書) でも、児童が自分の伸びを実感できることの大切さについて考えました。単元の学びをした後に行う業者テストの点数によって決まる評価（総括的評価）ではなく、単元の中で二度行うプレ・ポストのパフォーマンス課題に取り組むことで、児童が学びを実感できることが大切なのだ、と考えたのです。

　国語科は、「どのような力を付けたのかが分かりにくい教科だ」という声をしばしば耳にします。この問題は、指導者側が、「この単元では、この学習材を扱うことで、こういう力を付けよう」と、具体的にイメージできさえすれば、解決するのではないだろうか…そんな思いを抱き続け、「めあて・ふりかえり表」を開発しました。「めあてのポイント」にある評価規準を、児童が理解して学習に取り組み、めあてを設定し、これに対するふりかえりの日々を重ねていくことで、伸びを実感できるだろう、という仮説を立てました。

　「めあて・ふりかえり表」を用いた学習評価を行うにあたり、妥当なふりかえりの書かせ方とは…？　教師のコメントのあるべき姿とは…？　児童に書かせたものをどうやって全体にフィードバックするのか…？　など、いくつもの素朴な疑問に対して、文献を読みつつ、実践を積み重ねてきました。その中で見えてきたことは、児童は、「ふりかえり」を書かせることで、やっと本音を語り始める、ということです。特に、授業中、十分に発言できなかった児童ほど、ふりかえりの中では「〜が分かった。(分からなかった)」と、考えていたことを率直に書き始めるものです。こうした姿を見ると、改めて「ふりかえり」は、授業時間の中に設定されるべき、立派な学習活動の一つなのだと思います。

　本実践を、全国大学国語教育学会で発信したり、研修会の場でフロアとして参加いただいた先生方に実践報告をしたりしたところ、「とても現実的ですね。ぜひ、どこかで執筆してください。」「自分もやってみたいです。」「どうやって作るのですか。」「実際にやって

みたら、子供がこういう『ふりかえり』を書いてきました。」と、様々な反響の声をいただくようになりました。こうした声が実を結び、今回、とうとう一冊の本にまとめることができました。

　第1章では、初めて「めあて・ふりかえり表」を作ってみる方や、使う方のため、作成から使用手順までを10のステップにして整理しました。

　第2章では、「めあて・ふりかえり表」を用いて実践をした先生方に取材協力をいただき、小学校全学年の実践例を収録しました。

　第3章では、「めあて・ふりかえり表」に取り組むことの意味について、現時点で筆者が考えていることについて整理しました。

　第4章では、「めあて・ふりかえり表」を実際に作成し、教室で実践した柳沢ゆかり教諭へのインタビューを収録しました。作成にかかる手間や、児童の反応、教師としての手ごたえなどを、率直に語っていただきました。

　本書で登場した「めあて・ふりかえり表」をはじめ、ここでは紹介しきれなかった様々な「めあて・ふりかえり表」のデータは、下記のwebサイトに掲載してあります。

　https://www.kyoiku-shuppan.co.jp/tokushu/book-meate.html

　著作権は筆者にありますが、ダウンロードやデータの編集につきましては、どうぞ、ご自由になさってください。「めあて・ふりかえり表」を作成することのハードルを、少しでも下げることができれば幸いです。実践する教室の児童の学びに還元していただければ、これほど幸せなことはありません。

　最後に、本書執筆に際して多大なるご助力を頂いた教育出版の阪口建吾さま、小杉岳彦さま、白木裕さま、東京教師道場で共に研修し、めあて・ふりかえり表を用いた多くの実践に励んだ部員の皆様、そして、本書を手に取ってくださった読者の皆様に感謝の気持ちを表し、筆を置くことにします。本当に、ありがとうございました。

2020年3月

藤原　隆博

［著者紹介］

藤原隆博（ふじわらたかひろ）

1980年静岡県静岡市生まれ。東京学芸大学教職大学院教育学研究科教育実践創成専攻修了。東京都江戸川区立船堀第二小学校指導教諭。教育出版国語教科書編集委員。「夢」の国語授業研究会幹事。平成28年度、江戸川区教育委員会より「授業の達人」認定。
（本書のご意見・ご感想は、fujiwara_noru@hotmail.com までお寄せください。）

主体的に学習に取り組む態度が育つ
小学校国語科「めあて・ふりかえり表」10の指導ステップ

2020年4月13日　第1刷発行

著　者　　藤 原 隆 博
発 行 者　　伊 東 千 尋
発 行 所　　教 育 出 版 株 式 会 社
101-0051　東京都千代田区神田神保町2-10
電話 03-3238-6965　振替 00190-1-107340

©T. Fujiwara 2020
Printed in Japan
乱丁・落丁本はお取替いたします。

組版　ピーアンドエー
印刷　神谷印刷
製本　上島製本

ISBN978-4-316-80477-4　C3037